平成19年
労働法制改革の改正点早わかりQ&A

速報版

セルバ出版編集部　著

セルバ出版

は じ め に

　政府は、平成18年11月から、経済財政諮問会議において、いわゆる"労働ビッグバン"の検討を行っています。
　労働ビッグバンというのは、労働市場に関係する法律・制度を改革することにより、活力ある経済と働きやすい社会をつくることをめざした動きです。
　この諮問会議では、次の４点を中心として、今後の雇用政策のあり方が提言されています。
(1)　ワーク・ライフ・バランス（仕事と私生活の調和）
(2)　非正規社員（パートタイマー、契約社員、派遣社員、請負労働者等）をめぐる諸問題の是正
(3)　転職しやすい労働市場の形成
(4)　外国人労働者の活用
　このような政府の考え方にもとづいて、次の新しい法律案や改正法律案が現在会期中の通常国会に上提されます。
❶　労働契約法案
❷　労働基準法改正案
❸　パートタイム労働法改正案
❹　最低賃金法改正案
❺　雇用対策法・地域雇用開発促進法改正案
❻　雇用保険法改正案
❼　労災保険法改正案
　本書では、これら労働ビッグバンに関係する労働法制の新設・改正法案の内容について、速報版として、改正点を極力取り上げ、これ１冊で理解できるようにわかりやすく解説しました。
　本書の特色は、次のとおりです。
(1)　労働ビッグバンの全容がつかめます。
(2)　単に法案の改正点の解説に終わるのではなく、現行の制度のあらましなど関連する項目を織り込んで理解をしやすいようにまとめています。
(3)　法案の改正ポイントを把握しやすいようにQ&A形式で、簡潔な図表などでポイント解説をしています。
(4)　ホワイトカラー・エグゼンプション制度については、現在会期中の通常国会に上提される労基法改正案には盛り込まれない予定ですが、今後引き

続き各界の活題となると思われますので、章を設けて解説しています。

　本書は、平成19年2月20日現在の上記法律案の要綱その他の資料をもとに解説しています。

　本書が、経営者、管理監督者、会社員、大学教師、社会保険労務士、その他関係のある方々にとって、今回の労働ビッグバンについての理解を深めるために役立てていただければ幸いです。

　なお、本書は、平成19年2月20日現在の新設及び改正法案の要綱等をもとに解説していますが、将来的に変更になることがありますので、ご了承ください。

平成19年2月20日

セルバ出版編集部

平成19年労働法制改革の改正点早わかり Q&A 速報版　**目次**

はじめに

① 新制定の労働契約法案の主な規定内容

- Q 1　労働契約法案の制定目的・全体像は ………………… 10
- Q 2　労働契約法案の主な規定内容は ……………………… 12
- Q 3　契約法案でいう「労働契約の5原則」ってなに ……… 15
- Q 4　契約法案の「労働契約内容の書面確認」って
どういうこと ………………………………………… 16
- Q 5　契約法案の「安全配慮義務規定」ってなに ………… 19
- Q 6　契約法案で就業規則の相対的必要記載事項として
追加されるのは ……………………………………… 20
- Q 7　契約法案の法令・就業規則・労働契約等の優先順位は … 25
- Q 8　就業規則の不利益変更の問題ってなに・
契約法案の規定は …………………………………… 27
- Q 9　労働者の同意なしに就業規則を変更できる「合理性」
の判断基準は ………………………………………… 29
- Q10　契約法案の「出向(在籍出向)の無効規定」は ……… 31
- Q11　契約法案の「転籍(転籍出向)についての規定」は … 34
- Q12　契約法案の「懲戒の無効規定」は …………………… 35
- Q13　契約法案の「期間の定めのある労働契約の
規定内容」は ………………………………………… 37
- Q14　有期労働契約の締結・更新・雇止めに関する基準の
扱いは ………………………………………………… 39
- Q15　契約法案の「有期労働契約基準の対象範囲の拡大」は … 42
- Q16　契約法案の「解雇権濫用の法理規定」ってなに …… 43

　　Q17　労働契約法に違反した場合の取扱いは……………………45
　　Q18　個別労働関係紛争解決制度ってどういう制度のこと……48
　　Q19　労働審判制度ってどういう制度のこと…………………50

② 労基法改正案の改正ポイント

　　Q20　労基法改正案のねらい・改正点は………………………52
　　Q21　労働時間制度の主な改正点は……………………………55
　　Q22　現行労基法の労働時間制度は……………………………58
　　Q23　労基法違反にならない時間外・休日労働の協定は……62
　　Q24　現行労基法の時間外労働の限度基準は…………………64
　　Q25　時間外労働の「特別条項付協定」と限度基準の
　　　　　改正点は…………………………………………………67
　　Q26　現行労基法の時間外・休日・深夜労働の割増賃金の
　　　　　扱いは……………………………………………………70
　　Q27　長時間労働者についての割増賃金率の引上げは………74
　　Q28　金銭支払いに代わる有給休暇付与ができるのは………76
　　Q29　残業代支払不要な「管理監督者」の範囲の明確化は……78
　　Q30　年次有給休暇の時間単位での付与ができるのは………80

③ みなし労働時間制（労基法改正案）の改正ポイント

　　Q31　現行のみなし労働時間制の概要は………………………84
　　Q32　企画業務型裁量労働制度ってどういう制度のこと……86
　　Q33　企画業務型裁量労働制の対象業務の具体的範囲は……88
　　Q34　企画業務型裁量労働制の改正点は………………………90
　　Q35　事業場外労働のみなし労働時間制の概要・改正点は……91

④ 話題の「ホワイトカラー・エグゼンプション制度」のポイント

- Q36 ホワイトカラー社員の労働時間規制の適用除外制度ってなに……………………………………………… 94
- Q37 ホワイトカラー社員の適用除外制度の実施要件は…… 97
- Q38 労使委員会の設置のしかたは…………………………… 98
- Q39 制度対象労働者の健康管理など適正実施の措置は…… 100
- Q40 企画業務型裁量労働制とホワイトカラー社員の適用除外制度の違いは………………………………… 101
- Q41 管理監督者とホワイトカラー社員の適用除外制度の異なる点は…………………………………………… 103

⑤ パート労働法改正案の改正ポイント

- Q42 現行パート労働法の正式名称・全体像・主な規定内容は……………………………………………… 106
- Q43 パート労働法改正案の主な改正点・施行日は………… 108
- Q44 短時間労働者に対する労働条件の文書明示規定は…… 109
- Q45 通常労働者と同視すべき短時間労働者の差別禁止規定は………………………………………… 113
- Q46 有期契約のうち無期契約と同視できる契約ってなに… 115
- Q47 通常労働者と短時間労働者との賃金のバランス規定は………………………………………… 117
- Q48 通常労働者と短時間労働者との教育訓練・福利厚生のバランス規定は………………………… 120
- Q49 短時間労働者の通常労働者への転換推進規定は……… 122
- Q50 短時間労働者に対する待遇の説明規定は……………… 124
- Q51 短時間労働者の苦情処理・紛争解決援助規定は……… 125

⑥ 最低賃金法改正案・雇用対策法改正案・雇用保険法改正案などの改正ポイント

- Q52 最低賃金法ってなに・その概要は ……………………… 128
- Q53 最低賃金法改正案の主な改正点は ……………………… 130
- Q54 現行雇用対策法の全体像・規定内容・改正法案との対比は ……………………………………………………… 134
- Q55 雇用対策法・地域雇用開発促進法改正案の主な改正点は ……………………………………………… 136
- Q56 雇用保険法改正案の主な改正点・施行日は …………… 138
- Q57 雇用保険法改正案で改正される被保険者資格区分は … 140
- Q58 基本手当の受給資格要件の改正内容は ………………… 143
- Q59 教育訓練給付金の適正化等の改正内容は ……………… 146
- Q60 育児休業給付金の改正内容は …………………………… 149
- Q61 労災保険法改正案の改正ポイントは …………………… 151

本文中、次の略称を使用しています

- 契約法案………労働契約法案
- 労基法…………労働基準法
- 労基則…………労働基準法施行規則
- 労基署…………労働基準監督署
- パート労働法…短時間労働者の雇用管理の改善等に関する法律
- 均等法…………男女雇用機会均等法
- 安衛法…………労働安全衛生法
- 休業法…………育児・介護休業法
- 最賃法…………最低賃金法
- 雇対法…………雇用対策法
- 雇保法…………雇用保険法
- 労災保険法……労働者災害補償保険法
- 告示……………厚生労働大臣告示

新制定の労働契約法案の主な規定内容

　労働契約法案は、まったく新たに制定される法律案です。
　この法律案では、使用者と労働者の間で結ぶ労働契約の成立、解雇、契約期間満了、契約更新、出向、転籍、懲戒等について定めています。
　また、この法律案では、使用者が一方的に作成・変更する就業規則により、労働契約内容を変更できる効力を与えています。
　❶では、労働契約についての現行の判例、労基法の規定に触れたうえで、労働契約法案の各規定について解説しています。

Q1 労働契約法案の制定目的・全体像は

Answer Point

☆労働契約法案には、労働契約の内容が労使の合意にもとづいて自主的に決定され、労働契約が円滑に継続するためのルールが定められています。

☆具体的には、労働契約の成立、労働条件の変更、出向、転籍、懲戒など、労働契約について包括的に規定されています。

★労働契約法制定の背景は

近年、就業形態・就業意識の多様化等が進み、労働者ごとに個別に労働条件が決定・変更されるケースが増えるとともに、個別労働関係の紛争も増加傾向にあります。

一方で、個別労働紛争解決制度や労働審判制度など、個別労働関係紛争の事後的解決手続の整備が進んでいますが、個別労働関係を律する法律としては、最低労働基準を定める労働基準法しか存在しないため、体系的でわかりやすい解決や個別労使紛争の未然防止に資するルールが欠けている現状にあります。

このため、労働契約の内容が労使の合意に基づいて自主的に決定され、労働契約が、円滑に継続するための基本的なルールを法制化することが必要とされています。

★労働契約法案の全体像・規定内容は

労働契約法案の全体像・規定内容は、図表1のとおりです。

★労働契約法案の目的は

労働契約法案の目的は、要綱に次のように定められています。

> 第1　目的
> この法律は、①労働契約の成立及び変更等に関する基本的事項を定めることにより、②労働者及び使用者が円滑に労働契約の内容を自主的に決定することができるようにするとともに、③労働者の保護を図り、④もって個別の労働関係の安定に資することを目的とする。

★労働契約法案で「労働者」「使用者」というのは

この法律において「労働者」とは、使用者に使用されて労働し、賃金を支払われる者をいいます。

また「使用者」とは、その使用する労働者に対して賃金を支払う者をいいます。

これらの点は、現行労基法と同じです。

① 新制定の労働契約法案の主な規定内容

【図表1　労働契約法案の全体像・規定内容】

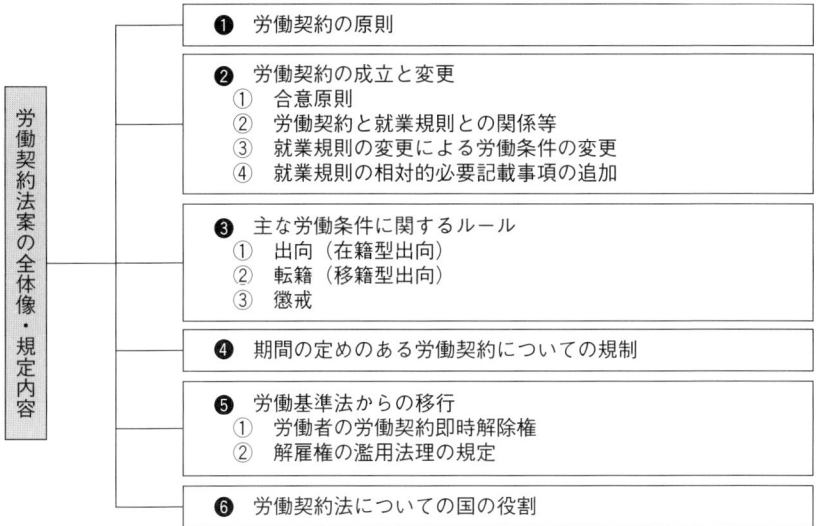

★労働契約法案の特色は

　契約法案は、使用者と労働者との間の契約ルールを定めたものです。

　使用者または労働者がこの法律に違反しても、労基法や最賃法違反のように労基署（労働基準監督官）が監督指導を行ったり、地方検察庁に送検することはありません。

　労働契約法違反を是正させる手段は、図表2のとおりです。

　そのほか、民事訴訟に訴える方法はあります。

【図表2　労働者が使用者に労働契約法違反を是正させる手段】

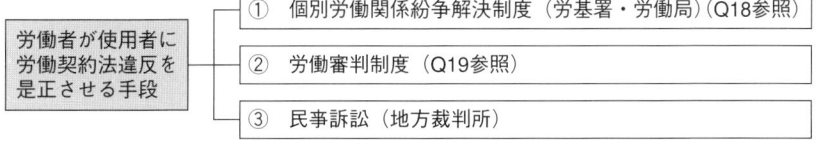

★労働契約法案の適用除外は

　労働契約法案は、船員、国家公務員、地方公務員等については適用されません。

★労働契約法案の施行日は

　この契約法案は、原則として公布の日から起算して3月を超えない範囲内において政令で定める日から施行されます。

　公布は法律成立後1～2週間以内に行われます。

　したがって、例えば法案が5月中に成立した場合、8月～9月頃施行されることになります。

 労働契約法案の主な規定内容は

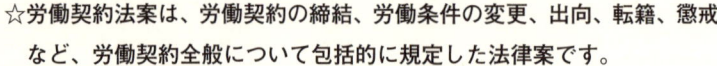

☆労働契約法案は、労働契約の締結、労働条件の変更、出向、転籍、懲戒など、労働契約全般について包括的に規定した法律案です。

☆労働契約法案の規定内容については、前頁の図表1に従ってみていきましょう。

★労働契約の原則（図表1の❶）というのは

労働契約の原則については、労働契約法案に図表3の規定が設けられます。

【図表3　労働契約の5原則】

労働契約の5原則
- ① 労働契約は、労働者と使用者の対等の立場における合意に基づいて締結され、または変更されるべきものである。
- ② 使用者は、契約内容について、労働者の理解を深めるようにする。
- ③ 労働者と使用者は、締結された労働契約の内容についてできる限り書面により確認する。
- ④ 労働者と使用者は、労働契約を遵守するとともに、信義に従い誠実に権利を行使し、義務を履行しなければならず、その権利の行使にあたっては、それを濫用するようなことがあってはならない。
- ⑤ 使用者は、労働者がその生命、身体等の安全を確保しつつ労働することができる職場となるよう、労働契約に伴い必要な配慮をする。

★労働契約と就業規則との関係等というのは

労働契約と就業規則との関係等（図表1の❷の②）という点は、1人の労働者の労働条件の決定について、図表4の①～⑥のうち複数のものが適用される場合には、最上位のものが優先的に適用され、それによって労働条件が決まることを明確にするために規定されます。

まず、労働法令が最優先されます。いかなる労働協約、就業規則、労働契約も労働法令に反してはなりません。反する場合は無効です。次には使用者と労働組合が結んだ労働協約が優先します。以下、労働契約の特約、就業規則…となります。

① 新制定の労働契約法案の主な規定内容

【図表4　法令・就業規則・労働契約等の優劣関係】

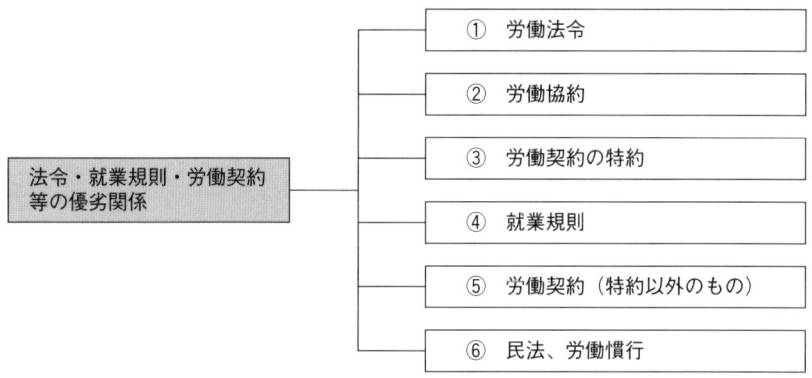

★就業規則の変更による労働条件の変更というのは

　その事業場の就業規則の規定が、使用者により一方的に変更されることにより、従業員の労働条件が切り下げられる場合、変更された就業規則の規定がこの変更に反対する従業員に適用されるか否かという問題があります。

　そこで、契約法案では、この場合については判例法理（これまでに裁判例で積み上げられた考え方）にそって判断する旨が定められます。

　つまり、その就業規則の変更に「合理性」があれば、反対する従業員にも適用するとされています。

　そのほか、特約のある労働条件の取扱い、就業規則を定めていない事業場で、使用者が新たに就業規則を定めた場合の取扱いについても、規定されています。

★主な労働条件に関するルールというのは

　すでに判例で考え方が確立されている出向（在籍型出向）、転籍（移籍型出向）、懲戒の3つのルールについて、図表5のように法規定を設けたものです。

★期間の定めのある労働契約についての規制というのは

　期間の定めのある労働契約（有期労働契約）について、パート・契約社員等を保護するために、図表6のように規定を設け、使用者を規制しています。

★労働基準法から移行されるのは

　図表7の2つの規定については、労基法から労働契約法案に移されます。規定内容は変わりません。

【図表5 主な労働条件に関するルール】

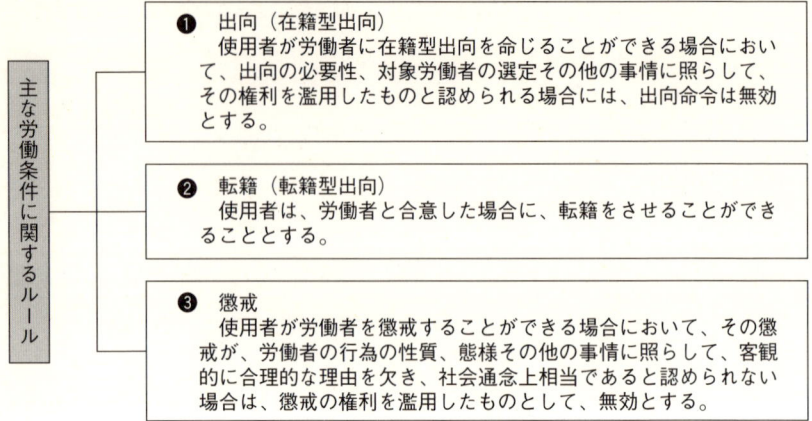

【図表6 期間の定めのある労働契約についての規制】

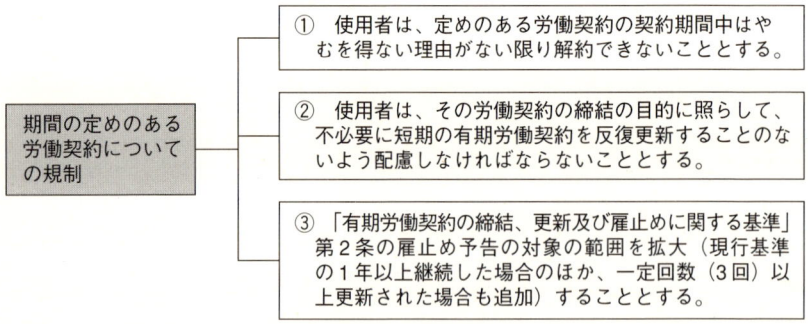

【図表7 労基法から労働契約法案に移される規定】

第15条（労働条件の明示）
② 前項（労働条件の明示）の規定によって明示された労働条件が事実と相違する場合においては、労働者は、即時に労働契約を解除することができる。
（解雇）
第18条の2
　解雇は、客観的に合理的な理由を欠き、社会通念上相当であると認められない場合は、その権利を濫用したものとして、無効とする。

★労働契約法についての国の役割というのは

　労働契約法に関する国の役割は、同法の周知を行うことにとどめられ、同法について労働基準監督官による監督指導は行われません
　労働契約をめぐるトラブルについては、個別労働関係紛争解決制度（Q18）を活用して紛争の未然防止及び早期解決を図ることとされています。

契約法案でいう「労働契約の5原則」ってなに

Answer Point

☆使用者と労働者が結ぶ労働契約について5つの原則を定めたものです。

★労働契約というのは

　使用者が労働者を採用して就業させることは、法律的にいえば契約行為です。労働契約というのは、二者が協議して、労働者は示された労働条件を了承して使用者の指揮命令のもとに働くことを約束する、他方使用者はその対価として一定の賃金を労働者に払うことを約束する契約のことをいいます。

　契約法案では、この労働契約について、5つの原則が定められています。

★5つの原則というのは

　労働契約法案でいう5原則は、図表8のとおりです。

【図表8　労働契約の5原則】

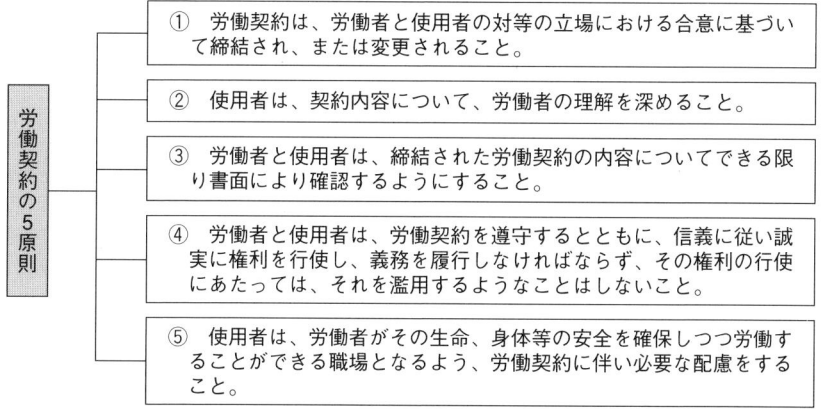

① 労働契約は、労働者と使用者の対等の立場における合意に基づいて締結され、または変更されること。

② 使用者は、契約内容について、労働者の理解を深めること。

③ 労働者と使用者は、締結された労働契約の内容についてできる限り書面により確認するようにすること。

④ 労働者と使用者は、労働契約を遵守するとともに、信義に従い誠実に権利を行使し、義務を履行しなければならず、その権利の行使にあたっては、それを濫用するようなことはしないこと。

⑤ 使用者は、労働者がその生命、身体等の安全を確保しつつ労働することができる職場となるよう、労働契約に伴い必要な配慮をすること。

★労働契約内容の書面確認（図表8の③）というのは

　労働契約内容を口頭で説明するのでは、誤解が生じる場合があります。また、労使間でトラブルが生じた場合に判断のしようがありません。

　そこで、労働条件通知書等の交付を使用者に義務づけるものです。

★安全配慮義務（図表8の⑤）というのは

　安全配慮義務というのは、すでに最高裁の判例で確立している考え方です。

Q4 契約法案の「労働契約内容の書面確認」ってどういうこと

Answer Point

☆契約法案では、次の①〜③が規定されます。
 ①使用者は、契約内容について、労働者の理解を深めるようにすること。
 ②労働者及び使用者は、締結された労働契約の内容についてできる限り書面により確認するようにすること。
 ③労働者は、使用者から明示された労働条件が実態と異なるときは、即時に労働契約を解除することができること（労働者の労働契約即時解除権）。

★現行労基法の労働条件明示規定は

労働契約を結ぶときには、労働条件を労働者に明示することが義務づけられていて、違反に対して罰則が設けられています（労基法15条、労基則5条）。明示すべき労働条件は、図表9のとおりです。

このうち⑥以降の事項は、定め（ルール、制度等）がなければ、明示する必要はありません。

労働契約は口頭約束で成立します。労働者が就職を希望し、企業が採用を決定して労働者に伝えた時点で成立するのです。けれども、のちにトラブルが生じた場合、口約束の内容を証明することは非常に困難です。

労働者が雇用主から図表10の労働条件通知書（雇入通知書）と就業規則の写しを受け取るのが簡単で確実な方法です。

★建設業では雇入通知書を出さないといけない

建設業の場合、採用した労働者に雇入通知書（事業主名、雇用管理者名、雇用期間、就業時間、賃金などを記載した文書）を配布することが義務づけられています（建設雇用改善法）。

★労働契約即時解除権の規定は

労働契約即時解除権の規定は、労基法15条2項から労働契約法案に移動されるものです。

契約内容が実態と異なる場合、もちろん、労働者は、契約解約のほか、会社に対して、明示されたとおりの労働条件の履行を求めることができ、要求に応じない場合は債務不履行による損害賠償請求もできます（民法415条）。

① 新制定の労働契約法案の主な規定内容

【図表9　採用時に明示すべき労働条件】

労働条件	具体的内容
① 働く場所、従事する仕事	
② 始業・終業の時刻、休憩時間、休日、休暇、交替制勤務の場合の交替方法等	所定時間外労働がある場合は、そのこと
③ 賃金	決定・計算・支払いの方法、賃金計算の締切り、支払いの時期、昇給など。退職金、賞与など臨時の賃金は除く
④ 退職に関すること	解雇、任意退職、定年制、契約期間の満了による退職等労働者が身分を失うすべての場合に関すること
⑤ 労働契約の期間	有期労働契約の場合のみ（後述）
⑥ 退職金	対象労働者の範囲、金額の決定・計算・支払いの方法、支払いの時期
⑦ 臨時の賃金、賞与、その他の手当、最低賃金	
⑧ 食費、作業用品、作業服代等の労働者の負担の有無。必要な場合は金額等	
⑨ 労働安全・衛生	
⑩ 教育研修、職業訓練	
⑪ 業務上の災害補償、業務外の傷病扶助	
⑫ 表彰・懲戒処分の種類・程度	
⑬ 休職	

【図表10　労働条件通知書（雇入通知書）】

	労働条件通知書（雇入通知書）　　　　　　　　　　平成　年　月　日
	＿＿＿＿＿＿＿＿殿 　　　　事業場名称、所在地 　　　　使用者職氏名
契約期間	期間の定めなし、期間の定めあり（平成　年　月　日～　年　月　日）
就業の場所	
従事すべき業務の内容	
始業、終業の時刻、休憩時間、就業時転換、所定時間外労働の有無に関する事項	1.　始業・終業の時刻等 　［(1)～(5)のうち該当するもの一つに○を付けること。］ 　(1)　始業（　　時　　分）終業（　　時　　分） 　【以下のような制度が労働者に適用される場合】 　(2)　変形労働時間制等：（　　）単位の変形労働時間制・交替制として、次の勤務時間の組み合わせによる。 　　　　始業（　　時　　分）終業（　　時　　分）（適用日） 　　　　始業（　　時　　分）終業（　　時　　分）（適用日） 　　　　始業（　　時　　分）終業（　　時　　分）（適用日） 　(3)　フレックスタイム制：始業および終業の時刻は労働者の決定に委ねる。 　　　　（ただし、フレキシブルタイム（始業）時　　分から　　時　　分、（終業）　　時　　分から　　時　　分、コアタイム　　時　　分から　　時　　分） 　(4)　事業場外みなし労働時間制： 　　　　始業（　　時　　分）、終業（　　時　　分）

Q4　契約法案の「労働契約内容の書面確認」ってどういうこと

	(5) 裁量労働制：始業（　時　分）終業（　時　分）を基本とし、労働者の決定に委ねる。 ○詳細は、就業規則第　条～第　条、第　条～第　条、第　条～第　条 2. 休憩時間（　　）分 3. 所定時間外労働 　　　［有（1週　時間、1か月　時間、1年　時間）、無］ 4. 休日労働［有（1か月　日、1年　日）、無］
休日または勤務日	・定例日：毎週曜日、国民の祝日、その他（　　） ・非定例日：週月あたり日、その他（　　） ・1年単位の変形労働時間制の場合―年間　日 　（勤務日） 　毎週（　　）、その他（　　） 　○詳細は、就業規則第　条～第　条、第　条～第　条
休暇	1. 年次有給休暇：6か月継続した場合→　　日 　　　　　　　　　　　継続勤務6か月以内の年次有給休暇 　　　　　　　　　　　（有、無） 　　　　　　　　　　　→　か月経過で　日 2. その他の休暇　有給（　　） 　　　　　　　　無給（　　） ○詳細は、就業規則第　条～第　条、第　条～第　条
賃金	1. 基本賃金　イ　月給（　円）、ロ　日給（　円） 　　　　　　ハ　時間給（　円） 　　　　　　ニ　出来高給（基本単価　円、保障給　円） 　　　　　　ホ　その他（　円） 　　　　　　ヘ　就業規則に規定されている賃金等級等（　　） 2. 諸手当の額または計算方法 　　イ（　　手当　円／計算方法：　　　　） 　　ロ（　　手当　円／計算方法：　　　　） 　　ハ（　　手当　円／計算方法：　　　　） 　　ニ（　　手当　円／計算方法：　　　　） 3. 所定時間外、休日または深夜労働に対して支払われる割増賃金率 　　イ　所定時間外　法定超（　）％、所定超（　）％、 　　ロ　休日　法定休日（　）％、法定外休日（　）％、 　　ハ　深夜（　）％ 4. 賃金締切日（　）毎月　日、（　）毎月　日 5. 賃金支払日（　）毎月　日、（　）毎月　日 　　6. 労使協定にもとづく賃金支払時の控除（無、有（　　）） 　　7. 昇給（時期等　　　　　　　　　　　　　　　　　） 　　8. 賞与（有（時期、金額等　　　　　　　　　　）、無） 　　9. 退職金（有（時期、金額等　　　　　　　　　）、無）
退職に関する事項	1. 定年制（有（　　歳）、無） 2. 自己都合退職の手続（退職する　日以上前に届け出ること） 3. 解雇の事由および手続 　［　　　　　　　　　　　　　　　　　　　　　　　］ ○詳細は、就業規則第　条～第　条、第　条～第　条
その他	・社会保険の加入状況（厚生年金、健康保険、厚生年金基金） 　　　　　　　　　　　その他（　　　　　　　　　　） ・雇用保険の適用（有、無） ・その他 　［　　　　　　　　　　　　　　　　　　　　　　　　］ ・具体的に適用される就業規則名（　　　　　　　　　　）

① 新制定の労働契約法案の主な規定内容

Q5 契約法案の「安全配慮義務規定」ってなに

Answer Point

☆契約法案には、使用者は、労働者がその生命、身体等の安全を確保しつつ労働することができる職場となるよう、労働契約に伴い必要な配慮をすることが規定されます。

★安全配慮義務というのは

　使用者には、労働安全衛生法にもとづく実施義務以外にも労働者の安全や健康を守る法的義務があります。

　業務の場所、施設、器具や業務の性質からくる危険から、労働者の生命、健康などを保護する事業者の法律上の義務を「安全配慮義務」といいます。

　近年、労働災害の損害賠償を争う裁判例で認められている考え方です（昭和50年、最高裁第三小法廷判決）。

　現時点では、労働契約と「職場における労働者の安全と健康を確保すべき事業者の一般的責務」（労安法3条）にもとづき、企業が労働者に対して負うものといえます。

★派遣労働者・下請労働者についての安全配慮義務は

　派遣労働者については、派遣された労働者を使用している派遣先会社が安全配慮義務を負います。ただし、安衛法により、一般健康診断、雇入時の安全衛生教育の実施義務はその労働者を雇用している派遣元会社にあります。

　また、下請労働者の労災事故については、元請企業と下請の労働者との間に実質的な使用従属関係が認められる場合には、雇用契約ないしそれに準ずる法律関係が存在し、安全配慮義務もあるとして、元請企業の賠償責任を認めた判決もあります。

★安全配慮義務を怠ると

　宝石・毛皮などを扱う会社で、宿直中の労働者が強盗に刺殺された事件がありました。

　この補償をめぐる裁判では、この会社に盗賊侵入の恐れが現実にあったにもかかわらず、侵入防止の物的防犯設備を十分に施さず、宿直員に対する安全教育を行わなかったのは措置が十分とは認められず、安全配慮義務の不履行であるとして損害賠償が命じられました（川義事件、昭和59年、最高裁第三小法廷判決）。

Q6 契約法案で就業規則の相対的必要記載事項として追加されるのは

Answer Point

☆就業規則に記載する事項には、現行労基法で義務づけられた項目と、使用者の自由裁量で記載できる項目とがあります。

☆義務づけられた項目は、さらに必須項目と、定め（ルール）を設ける場合にかならず記載しなければならない項目（相対的必要記載事項）とがあります。

☆契約法案では、「出向」が相対的必要記載事項に追加されます。

★就業規則の記載事項は

就業規則に記載する事項には、労基法で義務づけられた項目と、使用者の自由裁量で記載できる項目とがあります。

義務づけられた項目は、さらに必須項目と、定め（ルール）を設ける場合にかならず記載しなければならない項目とがあります。

これをまとめると、図表11のように3つに分けられます。

【図表11　就業規則の記載事項】

★就業規則の絶対的必要記載事項というのは

絶対的必要記載事項は、労基法89条に規定されている事項で、就業規則に必ず記載しなければならないものです。

図表12は、絶対的必要記載事項です。

★就業規則の相対的必要記載事項というのは

相対的必要記載事項は、労基法89条に規定されてある事項で、かならず記載する必要はありませんが、その事業場として定め（ルール・制度）を設ける場合には、就業規則に記載しなければならないものです。

① 新制定の労働契約法案の主な規定内容

【図表12　就業規則の絶対的必要記載事項】

区分	記載事項	内　容	説　明
労働時間・休日・休暇関係	① 始業・終業の時刻	その事業場における所定労働時間の開始時刻と終了時刻	
	② 休憩時間	休憩時間の長さ、与え方（一斉か、交替か）など	例えば、午前8時始業、正午から午後1時までが休憩時間、午後5時終業と明記。その場合の1日の所定労働時間は8時間で、これを超えて働いた時間は所定外労働時間となる。始業・終業時刻が、日勤勤務、交替勤務によって違ったり、職種別に定めている場合は、個々に規定する。
	③ 休日	所定休日の日数、与え方（1週1日または1週の特定日）など	所定休日の振替、代休等の制度がある場合は、具体的に記載する。
	④ 休暇・休業	労基法、育児・介護休業法（休業法）に定められた年次有給休暇（年休）、産前産後休業、生理日の休暇、育児休業、介護休業、子の看護休暇、妊娠中・出産後の健診時間などの特別休暇。事業場が任意に定めた特別休暇。	事業場が任意に定める特別休暇には、年末年始休暇、夏季休暇、忌引休暇、結婚休暇、教育訓練休暇などがあるが、設けられている場合には、すべて記載する。
	⑤ 交替制勤務	交替制勤務を行う場合の交替期日、交替順序など	
賃金関係	① 賃金の決定・計算の方法	学歴、職歴、年齢等の賃金決定要素あるいは職階制等の賃金体系など	
	② 賃金支払いの方法	年俸制、月給制、日給制、出来高払制など	
	③ 賃金計算の締切日・支払時期	月給ならば何日に締め切って、何日に支払うか	
	④ 昇給期間、昇給率、昇格降格など	いつ、いくらくらい昇給、昇格するのかなど	
退職関係	① 退職に関する事項（解雇の事由を含む）任意退職、解雇の事由、定年退職制、労働契約期間の満了による退職など		労働者が従業員としての身分を失うすべての場合に関することを記載する。

Q6　契約法案で就業規則の相対的必要記載事項として追加されるのは

例えば、退職金制度を設けるかどうかは会社の自由ですが、制度を設ける場合には、その内容を記載しておかなければなりません。

相対的必要記載事項は、図表13のとおりです。

【図表13 就業規則の相対的必要記載事項】

記載事項	内　　容	説　　明
① 退職金制度	(a) 退職金制度の適用される労働者の範囲 (b) 退職金の決定・計算、支払いの方法 (c) 退職金の支払時期	勤続年数、退職事由等の退職金額の決定のための要素、退職金額の算定方法、一時金で支払うのか年金で支払うのかなどの支払方法を規定する。不支給や減額のケースを設ける場合には、その事由を記載しておく。支払時期はできるだけ具体的に記載する。
② 臨時の賃金（賞与等）、最低賃金額	種類、支給条件、支給時期など	
③ 食費、作業用品費、社宅費、共済組合費など	従業員の負担の有無。負担させる場合は金額	
④ 労働安全・衛生に関すること	定期・特別の健康診断、病者の就業禁止、安全衛生教育、従業員の遵守事項など	
⑤ 教育訓練に関すること	種類・内容・期間、受講者の資格、受講中・修了後の処遇など	
⑥ 労災保険法・健康保険法を上回る補償など	災害補償及び業務外の負傷や病気の扶助に関すること	
⑦ 制裁、表彰に関すること	懲戒処分の事由・種類・程度・手続、表彰制度	
⑧ その他、全従業員に適用される可能性のある事項	採用、試用期間、服務規律、配置転換、出向、転籍、休職、旅費、福利厚生、その他	

★任意記載事項というのは

　任意記載事項とは、労基法上、就業規則への記載は義務づけられていませんが、会社として決めておきたい場合は、自由に定めることができる事項です。一般に、図表14のような事項があります。

① 新制定の労働契約法案の主な規定内容

【図表14 就業規則の任意記載事項】

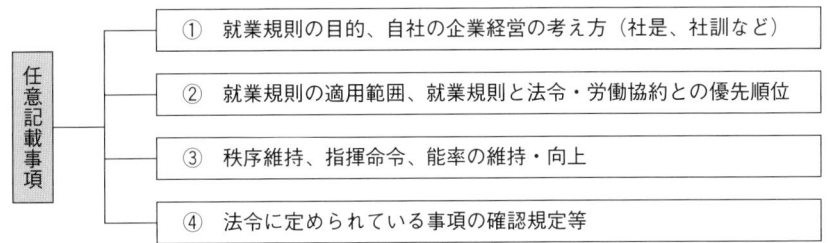

★契約法案で相対的必要記載事項として追加されるのは

就業規則の相対的必要記載事項として追加されたのは、「出向」です。

★労働契約法施行後の就業規則の構成は

以上、みてきた記載事項を整理してみると、図表15のような就業規則の構成の骨子が考えられます。

【図表15 就業規則の骨子】

項目	説　明
① 総則	目的、適用範囲その他就業規則全体の基本になること
② 人事	採用、転勤や配置換え、出向、転籍、派遣、休職、退職など。退職や解雇に関する規定は必須
③ 服務規律	従業員として守るべきルール
④ 労働条件	労働時間、休日、休暇など。これらの規定は必須
⑤ 給与	賃金に関する規定は必須。人事考課
⑥ 旅費	必須ではないが、決めてあれば税務面でメリットがある
⑦ 退職金	設ける場合は記載する
⑧ 安全衛生 教育訓練	
⑨ 災害補償	
⑩ 賞罰	服務規律と表裏一体となる
⑪ 福利厚生	
⑫ 雑則	
⑬ 附則	就業規則の施行期日など

★別規則にするケースの多い事項は

以上の事項を就業規則に規定するのに、本則にすべて盛り込む方法と、詳

細は別規則を設けてそこに規定する方法があります。本則に委任規定（この事項については別規則にゆだねて規定すること）を設けておけば、どの事項を別規則にしてもかまいません。

規定内容が詳細で複雑となることから、図表16の事項は別規則にするケースが多くみられます。

【図表16　別規則にするケースの多い事項】

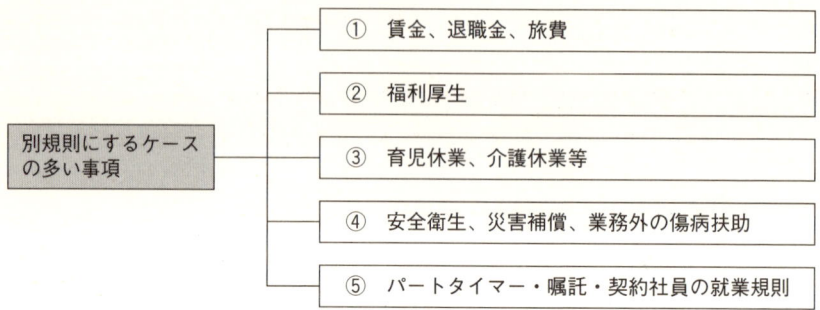

★就業規則の作成・変更の手順は

就業規則を作成する手順は、図表17のとおりです。この手順は、すでにある就業規則を変更する場合も同じです。

【図表17　就業規則の作成手順】

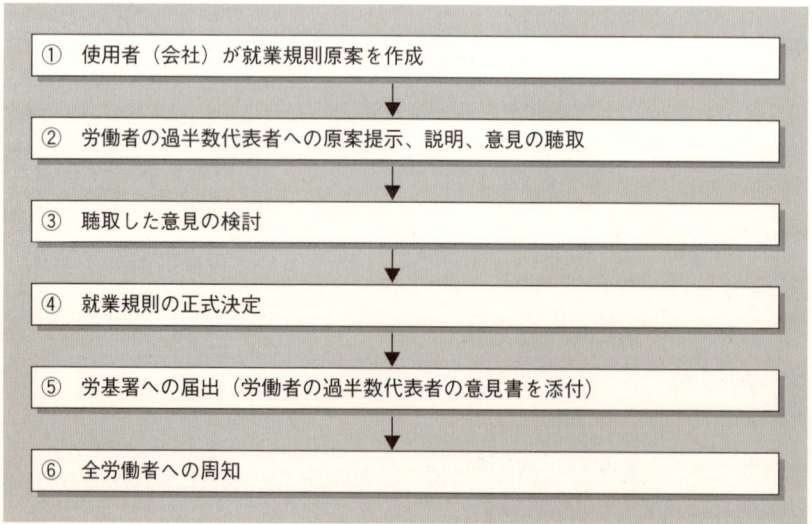

Q7 契約法案の法令・就業規則・労働契約等の優先順位は

Answer Point

☆現行労基法では、一般に、法令・就業規則・労働契約等に定められた内容が異なっている場合は、先のものが後のものに優先して決まると考えられています。

☆労働契約法案では、個々の労働者の労働条件を決めるものの優先順位は、①法令、②労働協約、③特約のある労働契約、④就業規則、⑤一般の労働契約です。

★現行の法令・就業規則・労働契約等の優先順位は

個々の労働者の雇用期間、賃金、労働時間等の労働条件や退職要件を決めるものには、図表20の①から⑧までのものがあります。現行労基法では、図表18のように、法令・労働協約、就業規則、労働契約に定められた内容が異なっている場合は、先のものが後のものに優先して決まると規定されています。

【図表18　現行労基法の規定】

```
（法令及び労働協約との関係）
第92条　就業規則は、法令又は当該事業場について適用される労働協約に反してはならない。
②　行政官庁は、法令又は労働協約に抵触する就業規則の変更を命ずることができる。
（効力）
第93条　就業規則で定める基準に達しない労働条件を定める労働契約は、その部分について無効とする。この場合において無効となった部分は、就業規則で定める基準による。
```

★契約法案の法令・就業規則・労働契約等の優先順位は

労働契約法案では、優先順位について図表19のことが規定されます。

【図表19　契約法案の法令・就業規則・労働契約等の優先順位】

契約法案の法令・就業規則・労働契約等の優先順位	❶ 労働契約は、労働者と使用者の合意によって成立し、または変更されます。
	❷ 個々の労働者の労働条件を決めるものの優先順位は、①法令、②労働協約、③特約のある労働契約、④就業規則、⑤一般の労働契約です。

★労働契約と就業規則等との関係についての規定内容は

労働契約と就業規則等との関係については、図表21のように規定されます。

【図表20　現行の法令・就業規則・労働契約等の優劣関係】

区　分	説　　明
① 労働法令	労基法、最低賃金法その他の法律、政令、省令が最優先します。
② 判例	解雇権濫用の法理などの強行法規的な判例が法令と同様の効力をもちます。
③ 労働協約	労働協約とは、労働組合と使用者またはその団体との間に結ばれる労働条件その他に関する協定で、書面で作成し、両当事者が署名または記名押印したものをいいます（労働組合法14条）。
④ 労働契約の特例	就業規則の規定に優先することを明確にした労働契約の特約条項は、就業規則に優先した効力をもちます。
⑤ 就業規則	使用者が、各事業場において労働者の守らなければならない就業上の規律、職場秩序および労働条件についての具体的内容を文書にしたものです（労基法89条）。
⑥ 労働契約	個々の労働者の労働条件は、上記の①〜③、⑤のものに反しない限り、労働契約等による当事者（使用者と労働者）の合意によって内容が定められます。
⑦ 民法の規定	労働契約の合意の内容をさぐったり、合意が存在しない場合にそれを補充したり、著しく不合理な合意を抑制したりするうえで、民法の規定と裁判所の法理（採用内定の法理など）の任意法規的性格のものが用いられます。
⑧ 労働慣行	労働関係上の慣行（労働慣行）も、当事者間の「黙示の合意」の内容になることによって法的な意味をもつことになります。 例えば、長年続いてきたある取扱いがその反復・継続によって労働契約の内容になっていると認められている場合には、その取扱いは労働契約としての効力が認められます。

【図表21　労働契約と就業規則との関係】

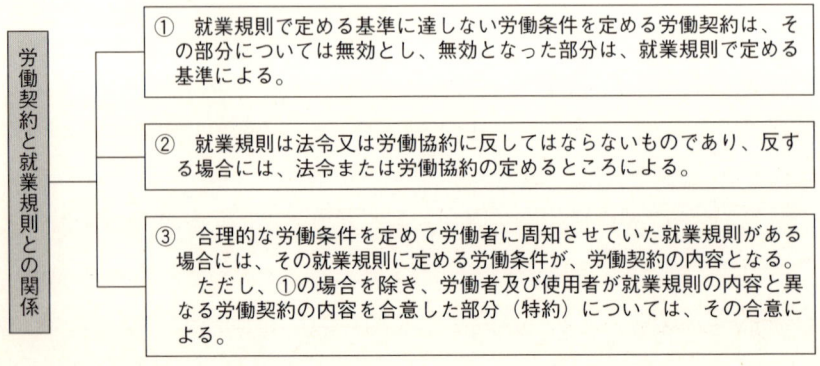

① 　新制定の労働契約法案の主な規定内容

Q8 就業規則の不利益変更の問題ってなに・契約法案の規定は

Answer Point

☆就業規則の不利益変更の問題は、会社が就業規則に、従業員にとって不利益な規定を新設したり、内容を不利益なものに変更した場合に、それに反対する従業員にも変更内容を適用できるか否かということです。

☆最高裁は、その就業規則の変更が合理的なものである場合に限って、個々の労働者の同意がなくても、適用できるとしていますが、労働契約法案では、この変更規定が労働者に適用されることが明確に規定されています。

☆労働契約法案では、就業規則が変更・新設されたことにより従業員の労働条件が不利になる場合、変更等の内容を反対従業員に適用できるか否かについては、現在の判例の考え方によって判断される旨が規定されています。

★**会社側の主張は**

　会社は、経営事情、労働法令、社会情勢等が変わると、従来の就業規則のうち、例えば定年年齢、労働時間、賃金制度等を実情に合うものに変更せざるをえなくなります。

　ところが、変更後に、その就業規則変更に反対する従業員に適用できないことになると、①実情に合わない古い規則のままでいくか、または、②反対する従業員には古い規則を適用し、賛成する者には新しい規則を適用せざるをえなくなります。

　しかしこれでは、就業規則を定める目的である従業員の労働条件を斉一的に処理することができません。

★**反対従業員の主張は**

　私たちが採用になったとき、既存の就業規則が適用されたことはやむをえないことです。他社に就職するという選択の余地もあった中で、当社の就業規則（＝労働条件）を承知のうえで採用されたのですから。

　ところが、これまで勤務してきた従業員に、使用者が一方的に不利益変更した規則を適用されるのは困ります。従業員としては選択の余地がないからです。

★**最高裁の判断は**

　秋北バス事件判決（昭和43年）で、次の(1)(2)の判断基準が示され、現在も

それが用いられています。
(1) 就業規則の規定の新設、変更によって、従業員のこれまでの権利を奪い、不利益な労働条件を一方的に課することは、原則として許されません。
(2) しかし、就業規則は、その事業場の全従業員の労働条件を統一して決めるためのものですから、「その規則変更が合理的なものである場合に限って」個々の労働者の同意がなくても、新規定はこれら労働者に適用されます。

★労働契約法案の就業規則の不利益変更の規定は
　労働契約法案では、就業規則が変更・新設されたことにより従業員の労働条件が不利になる場合、変更等の内容を反対従業員に適用できるか否かについては、現在の判例の考え方によって判断される旨が規定されています。

★就業規則変更による労働条件の変更についての契約法案の規定内容は
　就業規則変更による労働条件の変更についての契約法案の規定内容は、次の(1)〜(4)のとおりです。
(1) 就業規則の変更による労働条件の変更については、その変更が合理的なものであるかどうかの判断要素を含め、判例法理に沿って、明らかにされます。
(2) 労基法9章に定める就業規則に関する手続が上記(1)の変更ルールとの関係で重要であることが明らかにされます。
(3) 就業規則の変更によっては変更をされない労働条件を合意していた部分（特約）については、(1)によるのではなく、その合意によることとされます。
(4) 就業規則を作成していない事業場において、使用者が新たに就業規則を作成し、従前の労働条件に関する基準を変更する場合についても、(1)〜(3)と同様とされます。

★労基法9章に定める就業規則に関する手続というのは
　労基法9章に定める就業規則の作成・変更の手続は、図表22のとおりです。

【図表22　就業規則の作成・変更手続】

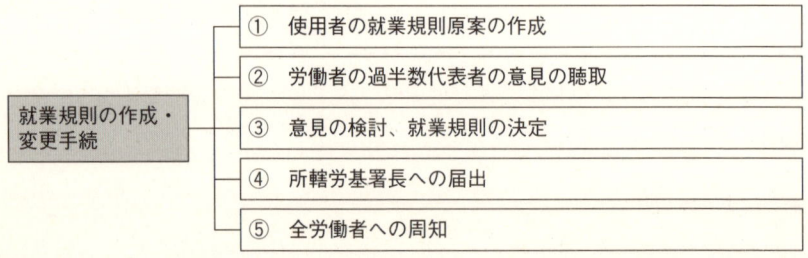

①　新制定の労働契約法案の主な規定内容

Q9 労働者の同意なしに就業規則を変更できる「合理性」の判断基準は

Answer Point

☆これまでに5件出されている最高裁判例の中から合理的な理由ありとした3件について紹介し、就業規則の変更についての合理性の判断基準をさぐってみましょう。

★合理的変更と認めた秋北バス事件（昭和43年判決）の理由は

　主任以上の従業員に55歳定年制を新設し、定年を過ぎた者を解雇した事案。次の理由で合理的変更と認めたものです。
(1)　55歳定年制は社会の大勢
(2)　一般従業員の定年は50歳
(3)　退職後嘱託として再雇用の予定
(4)　主任以上の管理職の多くは了承

★合理性ありとした大曲市農協事件（昭和63年判決）の理由は

　農協の合併に伴い職員の待遇を統一する中で、退職金の支給倍率を低下させた事案。次の理由で合理性ありとしたものです。
(1)　退職金支給倍率の低減による退職金額の減少は、他方で行われた給与増額により相当に緩和
(2)　支給倍率の変更は7農協の合併にあたっての緊要の課題
(3)　退職金の支給倍率の格差は、被上告人らの農協のみが県農協中央会の指導、勧告に従わなかったため発生
(4)　合併に際しての給与調整の累積額が退職金額の低下分にほぼ匹敵
(5)　合併に際してはその他の労働条件も改善

★合理性ありと判断した第一小型ハイヤー事件（平成4年判決）理由は

　タクシー会社が運賃値上げの許可に伴い、乗務員手当の計算方式を変更した事案。
　A組合（180名）とは変更内容の合意をとりつけたが、B組合（114名）とは交渉不調に終わったので、計算方式の変更を就業規則改訂で行ったもので

す。次の理由で合理性ありと判断したものです。
(1) 歩合給の算式における従前の数字は、労使間で交渉された時点での運賃額を前提としたものである
(2) 運賃値上げ後は協議し直しを予定
(3) B組合との協議が不調に終わった以上、就業規則変更の必要性は認められる
(4) 本件変更後の賃金額が従業員全体として低下していなければ合理性が認められる

★合理性を認められるための対応ポイントは
　判例からみて、就業規則の変更が合理性ありと認められるための労務管理上のポイントは、図表23のとおりです。

【図表23　合理性ありと認められるための労務管理上のポイント】

項　目	説　　明
❶ 就業規則変更の必要性の強さ	就業規則の規定を新設または変更して従来の労働条件を変更する場合には、事業経営上ぜひとも必要で、社会一般からみても妥当、合理性のあることが必要です。 　判例で特に重視しているのは、変更内容が定年の新設・延長、労働時間短縮といった従業員全体の利益を目指す制度改革の中での、関連する労働条件の調整です。その必要性が企業側にとって高いだけでなく、多数従業員あるいは従業員全体の利益に通じる場合です。
❷ 労働者の不利益減少の努力	会社は、その変更内容が、労働者にとって不利益ができるだけ少なくなるように対応することが求められます。例えば、次のとおりです。 ① 退職金制度変更の場合、不利益が大きくなる定年退職間近の従業員のために経過措置を設けて不利益の緩和を図る ② 退職金算出時の基礎支給額を引き上げて、退職金額の減額幅をできるだけ小さくする。あるいは、退職金支給額の低減幅をできるだけ小さくする
❸ 他の労働条件の改善	判例では、他の労働条件を改善して、主たる事項の引下げを補うことがきわめて重視されています。
❹ 労働組合等との話合い	会社は、労働組合、従業員と誠意をもって話合いをつくすことが必要です。 　判例が合理性ありと認めた事例は、典型的には、会社側が多数組合または多数従業員と話合いをつくし、変更を受け入れさせたものです。

① 新制定の労働契約法案の主な規定内容

Q10 契約法案の「出向(在籍出向)の無効規定」は

Answer Point

☆労働契約法案では、使用者が労働者に在籍出向を命じることができる場合において、出向の必要性、対象労働者の選定その他の事情に照らして、その権利を濫用したものと認められるときは、出向命令は無効とすることが規定されます。

★契約法案の規定のねらいは

契約法案の規定のねらいは、すでに判例で確立している考え方を、労働契約法案で規定し、明確にすることです。

★出向・転籍というのは

親会社と関連子会社との間など、2つの企業をまたいで人事異動が行われる場合があります。これには、出向と転籍という2つの形態があります。

出向(在籍出向)は、出向元の会社に従業員の籍を残すものです。単に出向というときはこれを指します。

転籍(転籍出向)は、出向元の会社に籍を残さないものです。

★在籍出向というのは

在籍出向というのは、従業員が、自社との労働契約にもとづき、自社に在籍しながら自社の命令によって他社におもむいて他社の従業員となり、他社の指揮監督に従って他者の業務に従事することをいいます(図表24)。

A社の従業員としての身分はそのままで、B社に勤務して、そこでの労務に従事させる人事異動です。出向期間中はA社を休職というかたちにすることもあります。

労働時間、休暇、休日等の労働条件は、B社の就業規則によって決められます。

★在籍出向の要件は

判例では、会社は従業員の個別的同意がなくても出向を命じられるとされています。

【図表24　在籍出向（二重の雇用関係）】

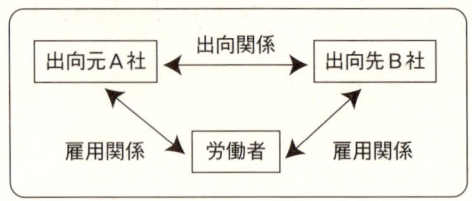

　また、就業規則等で出向先を限定し、出向社員の身分、待遇等を明確に定め保証している規定があれば、出向について従業員の包括的同意を得ているものとされています。
　契約法案の規定では、出向の必要性、対象労働者の選定その他の事情に照らして、その権利を濫用したものと認められるときは、出向命令は無効とされます。
　したがって、出向についても配転の場合と同様に、出向命令が事業主の権利の濫用にならないように、図表25の３点を考慮することが必要です。

【図表25　出向（在籍出向）の要件】

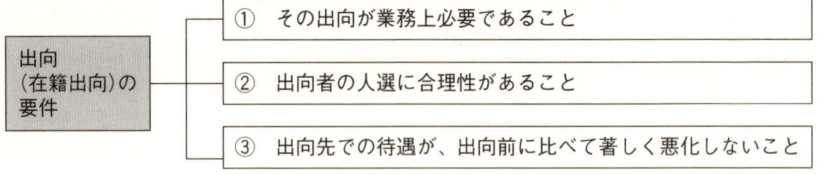

★在籍出向者の取扱いは
　在籍出向者の出向後の取扱いについては、図表27のとおり、現行の法令・判例と同じ内容になります。

★転籍出向というのは
　転籍出向は、出向元を退職し、出向先とのみ労働契約を結び、出向先とのみ雇用関係に入るものです。

【図表26　転籍出向】

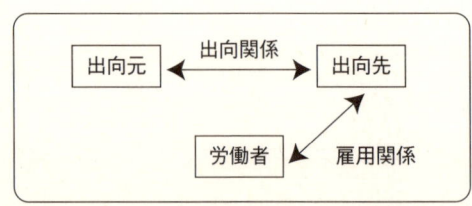

【図表27　出向者の取扱い】

項　目	説　　明
❶ 基本的労働契約関係	出向元会社の就業規則のうち、労務提供を前提としない部分については、引き続き出向後も出向者に適用されます。
❷ 指揮命令	出向者は、出向先会社の指揮命令のもとで就労しますので、その勤務管理、服務規律に服することとなります。
❸ 賃金・退職金の支払い	出向者の賃金をどちらが支払うかは、出向元と出向先との間で決めます。 次のような形態が代表的です。 ①　出向先が支払う（ただし、出向前との差額があれば出向元が補填する） ②　出向元が払い続ける（出向先が分担額を出向元に支払う）退職金は、両者の勤務年数を通算し、両者が分担して支払うのが一般的です。
❹ 労基法上の責任	実質的権限を有する者が、その範囲で使用者としての義務と責任を負います。 出向先が労働時間の管理をしている場合には、時間外・休日労働協定の締結・届出の義務は出向先が負います。 旧労働省通達（昭和35．11．18、基収4901号）では、通常の場合、労基法上の使用者としての義務と責任の主体は、図表28のようになるとしています。
❺ 安衛法、労災保険法	現実に労務の提供を受けている出向先が、安衛法の事業者、労災保険法の事業主として負担します。雇用保険法の事業主は、主たる賃金の負担者です。

【図表28　出向者に関する労基法上の使用者の義務と責任（旧労働省通達）】

事　項	責　任　主　体
❶ 賃金（労基法24条）	出向元
❷ 労働時間、休憩、休日、休暇（労基法32、34、35条）	出向先
❸ 安全衛生（労基法5章）、労働災害補償（労基法8章）	出向先
❹ 就業規則（労基法9章）	出向元または出向先のそれぞれの権限を有する限度
❺ 労働者名簿、賃金台帳の調整等（労基法107条、108条）	出向および出向元のそれぞれ

Q10　契約法案の「出向（在籍出向）の無効規定」は

Q11 契約法案の「転籍（転籍出向）についての規定」は

Answer Point

☆労働契約法案で、使用者は、労働者と合意した場合に、労働者を転籍をさせることができることが規定されます。
☆労働契約法案の規定の内容は、判例で確立している考え方を明文化したものです。

★契約法案の規定のねらいは
　契約法案の規定は、すでに裁判例で確立している考え方を明記したものです。

★転籍出向というのは
　転籍出向は、自社を退職して従業員としての籍は残さず、新たに出向先の他社と労働契約を結び、他社の従業員となるものです（図表29）。
　これについては、対象従業員の個別的同意が必要となります。

【図表29　転籍（出向先とのみ雇用関係あり）】

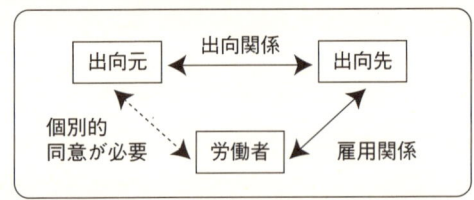

★転籍後の労働者の取扱いは
　転籍の場合には、転籍者は転籍元との労働契約関係を終了させて、新たに転籍先と労働契約関係を成立させることになります。つまり、転籍元を退職すると同時に転籍先に採用されるわけです。
　したがって、労基法、安衛法、労災保険法、雇用保険法、労働組合法などすべての労働法上の責任を転籍先会社が負うこととなります。

【図表30　就業規則（本則）のモデル例】

（出向及び転籍）
第9条　会社は業務の都合により、社員に対して、関連会社等への出向又は転籍を命じることがある。
②　社員は、正当な理由のないかぎり出向命令に従わなければならない。
③　会社は、転籍を命じるときは、当該社員本人の個別の承諾を得るものとする。
④　出向及び転籍に関する事項については、別に定める「出向及び転籍に関する規則」による。

① 新制定の労働契約法案の主な規定内容

Q12 契約法案の「懲戒の無効規定」は

Answer Point

☆懲戒処分は、服務規律や事業場の秩序に違反した労働者に対し、事業主が科す一種の制裁罰です。

☆事業場以外の場所で行われた業務外の行為であっても、会社の社会的信用を著しく傷つけた場合は、懲戒処分の対象となります。

☆懲戒処分を行う際には、罪刑法定主義にもとづく5つのルールを守らなければなりません。

☆契約法案の規定は、すでに判例で確立している考え方を明記したものです。

★懲戒処分の種類は

懲戒処分の種類としては、主に図表31のものがあります。

【図表31　懲戒処分の種類とその程度】

懲戒処分の種類	説　　　明
❶ 訓告	「正当な理由なく無断欠勤が続くとき」「過失により会社に損害を与えたとき」などを理由に行う、最も軽い処分。始末書を提出させて将来をいましめる。
❷ 減給	始末書を提出させたうえ、減給。減給の限度は1回の額が平均賃金の1日分の5割を超えず、総額が1賃金支払期間における賃金の1割を超えない範囲内が労働基準法の決まり。
❸ 出勤停止	始末書を提出させるのに加え、出勤を停止し、その間の賃金は支給しない。出勤停止の期間については、労働基準法の制限はないが、あまり長いと、民法の規定に違反する恐れがあるので、1週間ないし10日程度にとどめるべき。また、出勤停止に伴う賃金カットについては、法律上とくに制限はない。
❹ 懲戒解雇	即時に解雇する。例えば、多額の会社資金の横領など悪質・重大な場合に行う。所轄労働基準監督署長の認定を受ければ、解雇予告手当の支給は不要。

★現行の懲戒処分を行う際の5つのルールというのは

懲戒処分は服務規律違反に対する制裁罰ですから、罪刑法定主義の観点から、実施する際には、図表32の5つのルールをきちんと守ることが必要です。

また、重大な処分を行う場合は、本人に弁明の機会を与える必要があります。

★労働契約法案の懲戒の無効規定は
　労働契約法案で、「使用者が労働者を懲戒することができる場合において、その懲戒が、労働者の行為の性質、態様その他の事情に照らして、客観的に合理的な理由を欠き、社会通念上相当であると認められない場合は、その権利を濫用したものとして、無効とする」ことが規定されます。

★労働契約法案に懲戒規定を設けたねらいは
　労働契約法案に懲戒規定を設けたのは、すでに判例で確立している考え方を法律の条文に明確に規定し、労使関係者に周知することにより、懲戒をめぐるトラブルを防止させることをねらいとしています。

【図表32　現行の懲戒処分を行う際の5つのルール】

ルール	説　　　明
❶ 就業規則に懲戒の事由や種類、程度をきちんと定め、定めたとおりの処分を行うこと	在籍労働者が10人以上の事業場では、就業規則に「制裁の定めをする場合においては、その種類及び程度」を記載することが義務づけられています（労基法89条1項9号）。
❷ 不遡及の原則でのぞむこと	労働者の違反行為があったあとで就業規則に規定を定め、過去にさかのぼってその規定を適用し、処分することはできません。
❸ 一事不再理の原則に立つこと	1つの違反行為に対して、例えば、まず訓戒処分を行い、あとで出勤停止にするというような二重処分はできません。
❹ 相当性を満たすこと	違反行為と懲戒処分のバランスがとれていることが必要です。例えば、1回の無届欠勤を理由に懲戒解雇をするのは、懲戒権の濫用であるとして裁判で無効になります。
❺ 適正手続の遵守	処分手続が就業規則や労働協約で定められている場合には、それを厳守することが必要です。特に、懲戒の手続を懲戒委員会等の議を経ることにしてある場合は、これを守ることは欠かせません。 　また、繰り返しますが、重大な処分の場合は、本人に弁明の機会を与えます。 　懲戒解雇、あるいは普通解雇のいずれであっても、それが裁判で無効とされた場合は、その労働者を職場復帰させ、それまでの間の賃金を支払わなければなりません。 　さらに、それに加え、その労働者から権利侵害、名誉毀損などを理由として不法行為による損害賠償を請求される可能性があります。 　解雇には、慎重な判断、対応が必要です。

①　新制定の労働契約法案の主な規定内容

Q13 契約法案の「期間の定めのある労働契約の規定内容」は

Answer Point

☆労働契約法案では、「期間の定めのある契約」について、次の①②のように規定されます。
  ① 使用者は、期間の定めのある労働契約の契約期間中はやむを得ない理由がない限り解雇することはできない。
  ② 使用者は、その労働契約の締結の目的に照らして、不必要に短期の有期労働契約を反復更新することのないよう配慮しなければならない。

★期間の定めのない契約（無期労働契約）とある契約（有期労働契約）

労働契約（雇用契約）には、「期間の定めのない契約」（正社員の場合）と「期間を定める契約」（パート・契約社員の場合）とがあります。

正社員とパート等の労働契約の期間の定め方をまとめると、図表33のとおりです。

【図表33　労働契約の期間の定め方】

定め方	例	留意点
❶ 期間をとくに定めない（無期契約）	正社員、常用労働者の場合	① 使用者は、解雇する場合、30日前の予告義務あり（労基法）。 ② 労働者が辞職するときは、2週間前に申し出る。
❷ 期間を定める（有期契約）	「臨時・嘱託社員、パートタイマーとして1年間雇用する」といった形	① 労働者は「やむを得ない事由」（病気ほか）がなければ、期間中途で解約できない。 ② 3年間を超える契約は原則禁止。ただし、60歳以上の者と高度技術者等については、5年以内の契約が認められる（労基法）。
❸ 一定の事業の完了に必要な期間を定める	「Aビル建築工事のため4年ないし4年半雇用する」といった形	① 「いつ終わるかわからない工事の終了まで」といった形はダメ。 ② 契約期間は3年を超えてもよい。

★「期間の定めのある契約」というのは

「期間の定めのある労働契約」（有期契約）とは、パートタイマー、契約社員等のように、例えば、1か月、1年といったように期間を限定して結ぶ労働契約のことをいいます。

★「解約できるやむを得ない事由」というのは

　使用者は、有期契約（雇用期間の定めのある契約）期間中は、パート・契約社員を原則として解雇できません。

　ただし、「やむを得ない事由」、つまり天災事変による事業の著しい損害の発生、使用者または労働者の事故、重病、労働者の著しい服務規律違反、勤務状況劣悪、著しい事業不振等がある場合に限って解雇が認められます。

　解雇が使用者の過失による場合は、労働者に残余期間分の賃金を支払わなければなりません。労働者側の過失、あるいは当事者の不可抗力による場合には、残余期間分の賃金支払いは不要です（民法628条）。

　また、使用者が破産宣告を受けたときは、解雇できます（民法631条）。

　有期契約期間中にパート等を解雇する場合、解雇予告については、当初の契約期間が2か月以内であっても、契約更新等により事実上継続雇用期間が2か月を超えれば、労基法の解雇予告の規定が適用されます（労基法21条）。

　したがって、解雇の際には、30日前の解雇予告または30日分の予告手当の支払いが必要です（労基法20条）。

★有期契約期間中のパート等の退職は

　パート・契約社員は、原則として、有期契約期間が満了するまで自分から退職することはできません。ただし、図表34の4つの場合には即日退職できます。

　パート・契約社員が図表34の4つの場合以外に、自分から一方的に退職したときは、雇用主は債務不履行を理由に損害賠償を請求できます（民法415条）。

　ただし、使用者が損害賠償と未払賃金とを相殺することは、賃金の全額払いの原則（労基法24条）に反するため、認められません。

【図表34　即日退職できる場合】

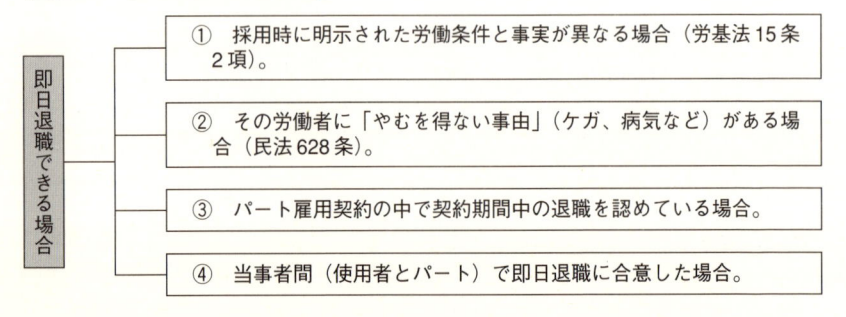

即日退職できる場合	① 採用時に明示された労働条件と事実が異なる場合（労基法15条2項）。
	② その労働者に「やむを得ない事由」（ケガ、病気など）がある場合（民法628条）。
	③ パート雇用契約の中で契約期間中の退職を認めている場合。
	④ 当事者間（使用者とパート）で即日退職に合意した場合。

★不必要に短期の有期労働契約を反復更新しないという意味は

　例えば、6か月間パートを雇用する必要があるのに、使用者が1か月単位で6回契約を更新するような場合が、これに該当します。

　この規定は、あくまでも使用者にできるだけの配慮を求めるものです。強行規定、つまり「必ず実施せよ」というものではありません。

Q14 有期労働契約の締結・更新・雇止めに関する基準の扱いは

Answer Point

☆パート・契約社員等の契約や契約更新をめぐってのトラブルを防止するための基準は、現行どおり取り扱われます。

★有期労働契約の締結・更新・雇止めに関する基準というのは

厚生労働大臣は、有期労働契約の締結時や期間の満了時におけるトラブルを防止するために使用者が講ずべき措置について、図表35の❶～❹に示すような「有期労働契約の締結・更新・雇止めに関する基準（告示）」を定めています（平成16年1月施行）。

労基署長は、この基準について、使用者に対して必要な助言や指導を行うことができます（労基法14条2項、3項）。

明示というのは、口頭で説明するか、または労働条件通知書、労働契約書、就業規則等の文書を渡すことにより、労働者が理解できるようにすることです。

【図表35　有期労働契約の締結・更新・雇止めに関する基準】

```
                              ┌─ ❶ 契約締結時の明示事項等
有期労働契約の締結・          ├─ ❷ 雇止め（契約更新拒否）の予告義務
更新・雇止めに関する ─────────┤
基準                          ├─ ❸ 雇止め（契約更新拒否）の理由の明示義務
                              └─ ❹ 契約期間についての配慮
```

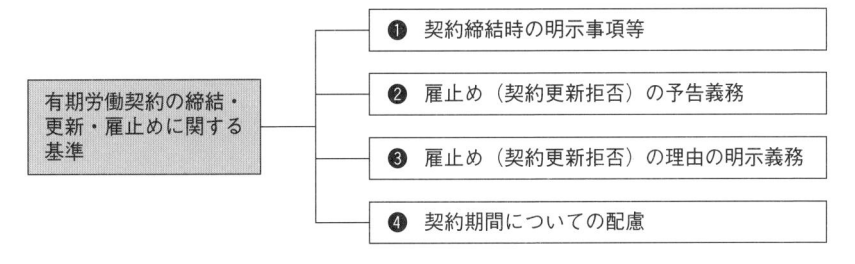

★契約締結時の明示事項等というのは

有期労働契約というのは、契約社員、多くのパートタイマーのように雇入期間を、例えば1年、6か月、1か月のように限定した契約のことです。

(1) 使用者は、期間の定めのある労働契約（有期労働契約）を結ぶ際には、労働者に対して、その契約の期間の満了後におけるその契約の更新の有無を明示しなければなりません（告示1条1項）。

　　明示すべき「更新の有無」の具体的な内容は、例えば、図表36のとおりです。

(2) (1)の場合において、使用者が労働者にその契約を更新する場合がある旨明示したときは、使用者は、労働者に対して、その契約を更新する場合またはしない場合の判断の基準を明示しなければなりません（告示1条3項）。

　　明示すべき「判断の基準」の具体的な内容は、例えば、図表37のとおりです。

【図表36　明示すべき「更新の有無」の内容】

```
明示すべき           ① 自動的に更新する
「更新の有無」の内容 ─── ② 更新する場合があり得る
                    ③ 契約の更新はしない　　　　　　等
```

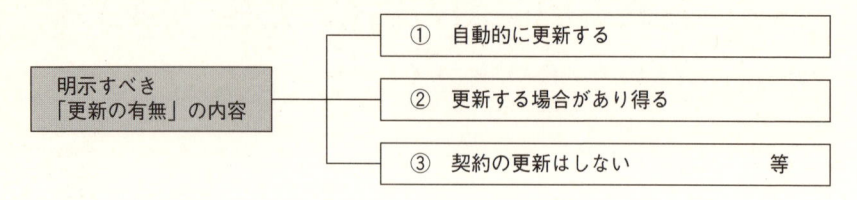

【図表37　明示すべき「判断の基準」の内容】

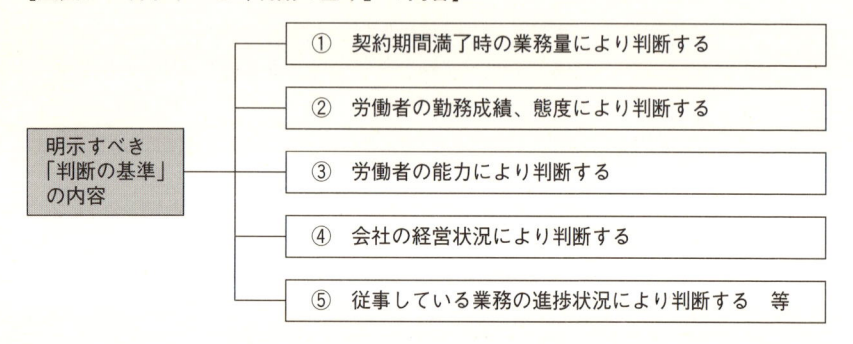

```
                    ① 契約期間満了時の業務量により判断する
                    ② 労働者の勤務成績、態度により判断する
明示すべき
「判断の基準」─── ③ 労働者の能力により判断する
の内容
                    ④ 会社の経営状況により判断する
                    ⑤ 従事している業務の進捗状況により判断する　等
```

(3)　使用者は、有期労働契約を結んだ後に(1)または(2)に規定する事項について変更した場合には、その契約を締結した労働者に対して、速やかにその内容を明示しなければなりません（告示1条3項）。

★雇止め（契約更新拒否）の予告義務というのは

　使用者は、有期労働契約（雇入れの日から起算して1年を超えて継続勤務している者に係る契約に限り、あらかじめその契約を更新しない旨明示されている契約を除きます）を更新しないこととしようとする場合には、少なくともその契約の期間の満了する日の30日前までに、契約更新をしない旨の予告をしなければなりません（告示2条）。

　ここでの対象となる有期労働契約は、図表38の場合です。

　明示すべき「雇止めの理由」は、契約期間の満了とは別の理由とすることが必要です。例えば、図表39のとおりです。

★雇止め（契約更新拒否）の理由の明示義務というのは

　雇止め（契約更新拒否）の予告義務の場合において、使用者は、労働者が更新しないこととする理由について証明書を請求したときは、遅滞なくこれ

【図表38　雇止め（契約更新拒否）の対象となる有期労働契約】

雇止め（契約更新拒否）の対象となる有期労働契約
- ❶　1年以下の契約期間の労働契約が更新または反復更新され、最初に労働契約を締結してから継続して通算1年を超える場合。
- ❷　1年を超える契約期間の労働契約を締結している場合。

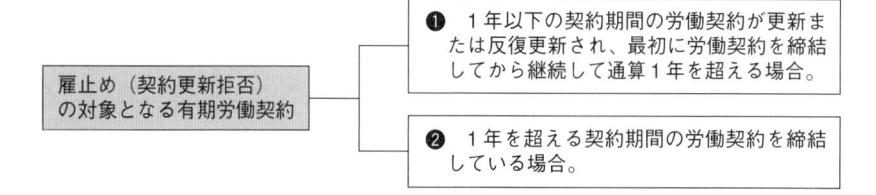

【図表39　明示すべき雇止めの理由】

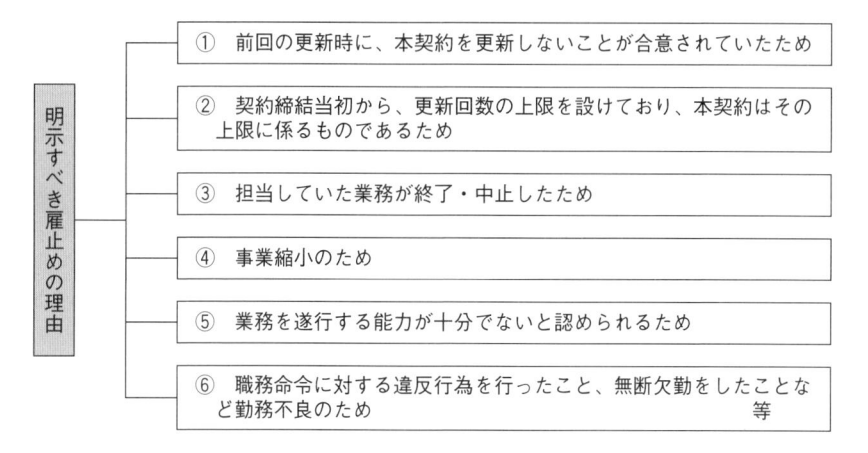

明示すべき雇止めの理由
- ①　前回の更新時に、本契約を更新しないことが合意されていたため
- ②　契約締結当初から、更新回数の上限を設けており、本契約はその上限に係るものであるため
- ③　担当していた業務が終了・中止したため
- ④　事業縮小のため
- ⑤　業務を遂行する能力が十分でないと認められるため
- ⑥　職務命令に対する違反行為を行ったこと、無断欠勤をしたことなど勤務不良のため　　　　　　　　　　　　　　　　　　　　　　　等

を交付しなければなりません（告示3条1項）。

　有期労働者契約が更新されなかった場合において、使用者は、労働者が更新しなかった理由について証明書を請求したときは、遅滞なくこれを交付しなければなりません（告示3条2項）。

★契約期間についての配慮というのは

　使用者は、有期労働契約（その契約を1回以上更新し、かつ、雇入れの日から起算して1年を超えて継続勤務している者に係る契約に限ります）を更新しようとする場合においては、その契約の実態およびその労働者の希望に応じて、契約期間をできる限り長くするよう努めなければなりません（告示4条）。

Q14　有期労働契約の締結・更新・雇止めに関する基準の扱いは

Q15 契約法案の「有期労働契約基準の対象範囲の拡大」は

Answer Point

☆「有期労働契約の締結、更新及び雇止めに関する基準」2条の雇止め予告の対象範囲が拡大され、現行の「1年以上継続した場合」のほかに、新たに「一定回数（3回）以上更新された場合」が追加されます。

★雇止めというのは

　雇止めというのは、有期雇用契約（例えば、6か月契約のパート・契約社員、派遣社員）が、契約更新を数回繰り返したのち、使用者から、契約期間満了を理由として、契約更新を拒否されることをいいます。

　この雇止めは、実質的な解雇であるとみなされ、使用者に30日前にパート等に雇止めを予告することが義務づけられています。

★雇止めの予告義務の対象に追加されるのは

　現行基準で、雇止めの予告義務の対象となっている有期労働契約（パート・契約・派遣社員）は、①1年を超えて継続勤務していて、かつ、②あらかじめ契約更新しない旨を明示されていない契約のみです。

　今回追加されるのは、継続勤務期間の長さと関係なく、「3回以上契約更新されている契約」の人（パート・契約社員等）です。

　例えば、図表40の人が対象となります。

【図表40　雇止めの30日前の予告の例】

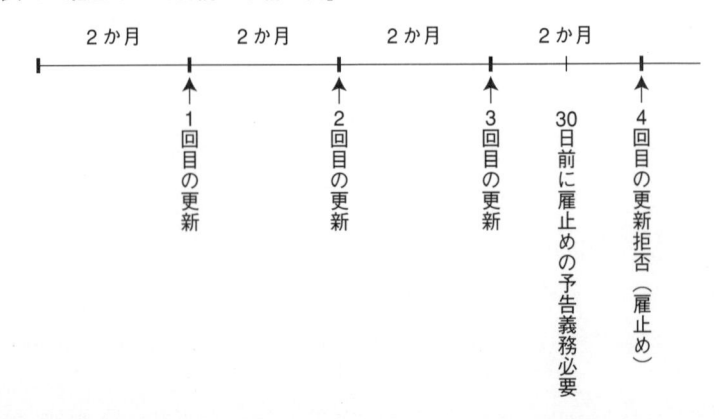

```
|―――2か月―――|―――2か月―――|―――2か月―――|―――2か月―――|
                ↑              ↑              ↑              ↑
              1回目          2回目          3回目         4回目の
              の更新         の更新         の更新        更新拒否
                                                          （雇止め）
                                         30日前に雇止めの
                                         予告義務必要
```

① 新制定の労働契約法案の主な規定内容

Q16 契約法案の「解雇権濫用の法理規定」ってなに

Answer Point

☆労働契約法案では、解雇が、客観的に合理的な理由を欠き、社会通念上相当であると認められない場合は、その権利を濫用したものとして無効とされることが規定されます。
☆この規定は、労基法（18条の2）から契約法案に移されるものです。

★解雇というのは

解雇とは、使用者が一方的に労働者との労働契約を解約することです。解雇には、労働者の同意は不要です。解雇には普通解雇（整理解雇を含む）と懲戒解雇があります。

解雇されると、労働者は賃金収入がなくなり、生活に困ります。

そこで、解雇については、現在、法令と裁判例によって多くの制限が設けられています。

★解雇の合理性・相当性というのは

解雇の合理性な理由とは、誰が考えてもその労働者が解雇されるのはやむを得ないという理由があることです。

また、「相当性」とは、解雇の理由となった事実と解雇という重大な処分のバランスがとれているということです。例えば、数回の遅刻や早退を理由とした解雇はバランスがとれているとはいえません。労働者の行為に比べて処分が著しく重すぎます。

従来からの判例の積み重ねにより「解雇権濫用の法理」が確立されて、それに照らして合理的な理由・相当性のない解雇、相当性を欠く解雇は無効とされます。

平成16年1月施行の改正労基法により、新たに「解雇は、客観的に合理性な理由を欠き、社会通念上相当であると認められない場合は、その権利を濫用したものとして、無効とする」（労基法18条の2）と明記されました。

この背景には、近年、解雇をめぐる労使間のトラブルが増大していることがあげられます。

その防止・解決には、解雇に関する基本ルールを明確にすることが必要です。そのために、これまで最高裁判決で確立していました。しかし、労使当事者に十分に徹底して知らされていなかったため、解雇権濫用の法理が労働契約法案に明記されるものです。

Q15　契約法案の「有期労働契約基準の対象範囲の拡大」は
Q16　契約法案の「解雇権濫用の法理規定」ってなに

★合理性・相当性が認められる解雇というのは

　解雇権濫用の法理でいう解雇の合理的理由、つまり、その解雇が誰が考えてもやむを得ないと認められるものは、おおむね図表41のように整理できます。

【図表41　合理性・相当性が認められる解雇】

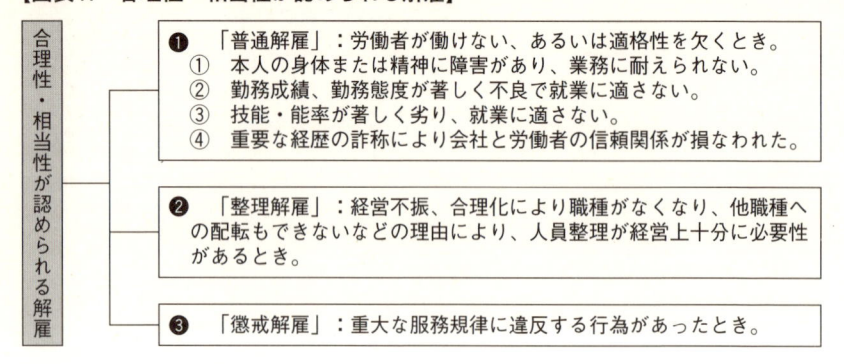

合理性・相当性が認められる解雇
- ❶ 「普通解雇」：労働者が働けない、あるいは適格性を欠くとき。
  ① 本人の身体または精神に障害があり、業務に耐えられない。
  ② 勤務成績、勤務態度が著しく不良で就業に適さない。
  ③ 技能・能率が著しく劣り、就業に適さない。
  ④ 重要な経歴の詐称により会社と労働者の信頼関係が損なわれた。
- ❷ 「整理解雇」：経営不振、合理化により職種がなくなり、他職種への配転もできないなどの理由により、人員整理が経営上十分に必要性があるとき。
- ❸ 「懲戒解雇」：重大な服務規律に違反する行為があったとき。

★解雇の有効要件を比較してみると

　現在の判例、労働法令（労基法ほか）等にもとづき、使用者が一方的に行う解雇が有効であると認められる要件を整理すると、図表42のとおりです。

【図表42　解雇の有効要件の比較】

❶ 普通解雇	❷ ❶のうち整理解雇	❸ 懲戒解雇
(1) 法定の解雇禁止事由に触れないこと	(1) 同左	(1) 同左
(2) 解雇予告すること（または予告手当の支払い）	(2) 同左	(2) 同左。ただし、労基署長の認定による即時解雇も可能
(3) 就業規則・労働契約・労働協約の関係規定を守ること	(3) 同左	(3) 次のことが必要 ① 就業規則の明確な規定と厳守 ② 不そ及の原則 ③ 一事不再理の原則 ④ 適正手続
(4) 解雇事由に合理性・相当性があること	(4) 次の4要件が必要 ① 経営上の必要性 ② 整理解雇を避ける努力 ③ 被解雇者の選定の妥当性 ④ 労働組合・従業員との協議	(4) 相当性の原則 　労働者の服務規律違反行為と懲戒処分のバランスがとくに重要

① 新制定の労働契約法案の主な規定内容

Q17 労働契約法に違反した場合の取扱いは

Answer Point

☆労働契約法に関する国(労働局・労基署)の役割は、この法律の周知を行うことにとどまります。この法律について労働基準監督官による監督指導は行われません。

☆労働契約をめぐってのトラブルについては、主に個別労働関係紛争解決制度を活用して紛争の未然防止と早期解決が図られます。

★労働者が救済を求める方法は

労働者が使用者の労働契約法違反により、解雇されたり、労働条件を切り下げられた場合に、救済を求める方法としては、図表43の3つがあります。

これらの方法の中で個別労働関係紛争解決制度を活用するのがよいと思われます。無料ですし、最も短期間で解決が図られるからです。

【図表43 労働者が使用者に労働契約法違反を是正させる手段】

労働者が使用者に労働契約法違反を是正させる手段
- ① 個別労働関係紛争解決制度(労基署・労働局) (Q18)
- ② 労働審判制度(地方裁判所) (Q19)
- ③ 民事訴訟(地方裁判所)

★民事訴訟というのは

事業主が労働契約法の規定に違反した場合には、図表44の民法の公序良俗違反(90条)及び不法行為(709条)に該当します。

したがって、該当する労働者が、事業主を相手として裁判所に訴えを起こし、事業主が敗れた場合には、従業員を解雇した行為などが無効となり、損害賠償を支払わなければならなくなります。

【図表44 民法の公序良俗違反と不正行為の規定】

(公序良俗)
　第90条　公の秩序又は善良の風俗に反する事項を目的とする法律行為は、無効とする。
(不法行為による損害賠償)
　第709条　故意又は過失によって他人の権利又は法律上保護される利益を侵害した者は、これによって生じた損害を賠償する責任を負う。

★労働契約をめぐる実態をみると

　厚生労働省の労働政策審議会労働条件分科会第65回資料より、労働契約をめぐる実態をみると、図表45のとおりです。

　図表45の解雇の理由は、ここ5年間において、正規従業員を解雇したことが「ある」と回答した企業を対象に集計（n=529）しています。

【図表45　解雇の理由（複数回答、％）】

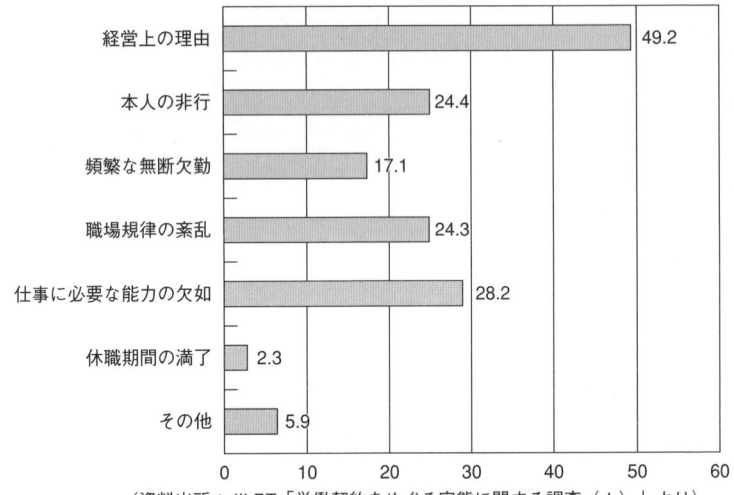

理由	％
経営上の理由	49.2
本人の非行	24.4
頻繁な無断欠勤	17.1
職場規律の紊乱	24.3
仕事に必要な能力の欠如	28.2
休職期間の満了	2.3
その他	5.9

（資料出所：JILPT「労働契約をめぐる実態に関する調査（Ⅰ）」より）

　図表46は、個別労働紛争によるあっせん申請の内容です。

【図表46　整理解雇に係る実態】

あっせん申請内容の内訳（％）

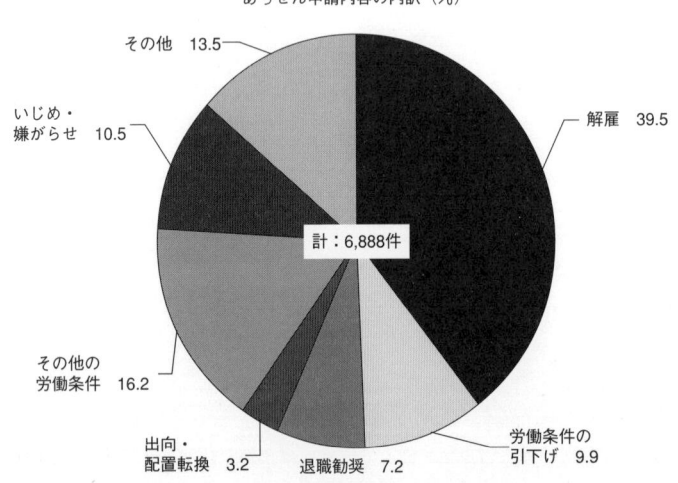

計：6,888件

- 解雇　39.5
- 労働条件の引下げ　9.9
- 退職勧奨　7.2
- 出向・配置転換　3.2
- その他の労働条件　16.2
- いじめ・嫌がらせ　10.5
- その他　13.5

（資料出所：厚生労働省大臣官房地方課労働紛争処理業務室調べ（平成17年度））

① 新制定の労働契約法案の主な規定内容

図表47によれば、約7割の事業場において、就業規則の変更によって労働条件が変更されています。

【図表47 労働契約の変更に係る実態】

労働条件変更における手続（複数回答、％）

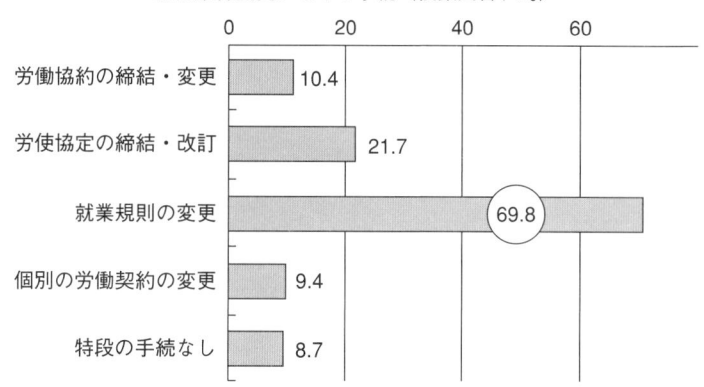

- 労働協約の締結・変更　10.4
- 労使協定の締結・改訂　21.7
- 就業規則の変更　69.8
- 個別の労働契約の変更　9.4
- 特段の手続なし　8.7

（資料出所：労働政策研究・研修機構「労働条件の設定・変更と人事処遇に関する実態調査」より）

労働条件の引下げ、出向・配置転換に係る民事上の個別労働紛争は、図表48のとおり、17.4％を占めています。

【図表48　民事上の個別労働紛争相談の内訳】

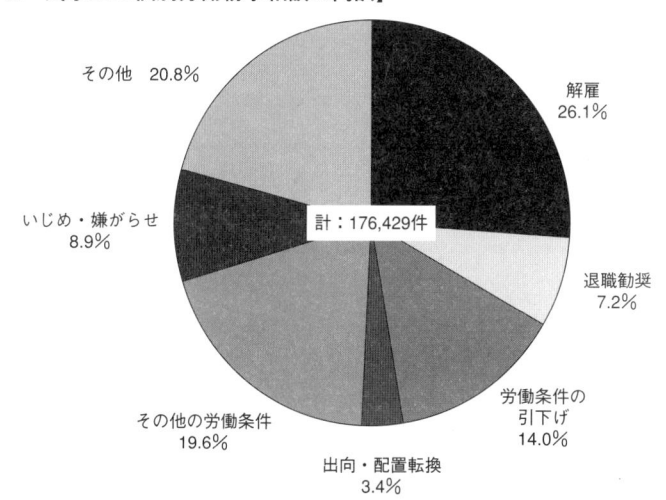

計：176,429件

- 解雇　26.1％
- 退職勧奨　7.2％
- 労働条件の引下げ　14.0％
- 出向・配置転換　3.4％
- その他の労働条件　19.6％
- いじめ・嫌がらせ　8.9％
- その他　20.8％

（資料出所：厚生労働省大臣官房地方課労働紛争処理業務室調べ（平成17年度））

Q17　労働契約法に違反した場合の取扱いは

Q18 個別労働関係紛争解決制度ってどういう制度のこと

Answer Point

☆会社と個々の社員との間で賃金、労働時間、解雇、男女差別その他をめぐってトラブルがある場合は、個別労働関係紛争解決システムを利用することをおすすめします。

☆個別労働関係紛争解決システムは、比較的軽微な紛争を解決するもので、年間80万件の利用があります。

★個別労働関係紛争解決システムの流れは

　個別労働関係紛争については、図表49の手順により、個々の事業主と労働者の間の労働条件、解雇、男女均等取扱い、セクハラなどに関する紛争（法律違反を除く）の解決が図られます（個別労働関係紛争解決促進法）。

【図表49　個別労働関係紛争解決システムの流れ】

① 労働相談コーナーによる相談

→ 法違反の事案については労基署等に通報

② 都道府県労働局長による助言・指導（民事上の個別紛争）

③ 紛争調整委員会（学識経験者である委員で構成）	
労働条件、解雇等に関する事案 ＝ あっせん、あっせん案の提示	男女均等取扱い・セクハラ、産前・産後の健康管理措置に関する事案 ＝ 調停案の作成、受諾勧告

　対象となるのは、図表50のような紛争です。
　なお、法律違反の事案については、労働基準監督署などその法律の施行事務を担当している各労働行政機関が法規定にもとづいて対処します。
　また、このシステムでは、労働組合と事業主の間の紛争や労働者同士の紛争は取り扱いません。

① 新制定の労働契約法案の主な規定内容

【図表50　対象となる個別労働関係紛争】

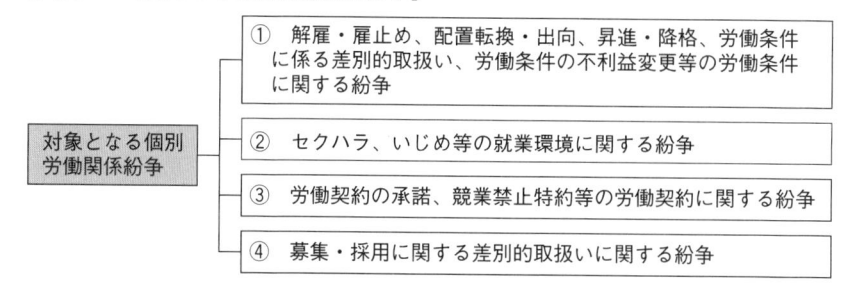

対象となる個別労働関係紛争
- ① 解雇・雇止め、配置転換・出向、昇進・降格、労働条件に係る差別的取扱い、労働条件の不利益変更等の労働条件に関する紛争
- ② セクハラ、いじめ等の就業環境に関する紛争
- ③ 労働契約の承諾、競業禁止特約等の労働契約に関する紛争
- ④ 募集・採用に関する差別的取扱いに関する紛争

★総合労働相談コーナーにおける相談は

　各都道府県労働局（総務部企画室）の出先機関として、全国の労働局、労基署に250か所の相談コーナーが設けられています。

★都道府県労働局長による助言・指導というのは

　局長は、労働法規違反を除く民事上の個別紛争について当事者に助言・指導を行い、解決を図ります。
　これで解決できない場合は、紛争調整委員会に解決を委任します。

★紛争調整委員会によるあっせん・調停というのは

　紛争調整委員会によるあっせんは、次の２つに分けられます。
(1)　一般の労働条件・解雇等に関する紛争事案
　事業主または労働者からあっせんの申請があり、都道府県労働局長から委員会にあっせんが委任された場合、委員長が３名の担当あっせん委員を指名します。委員は紛争当事者の話合いをあっせんするなどして解決を図ります。あっせんは、あっせん案を提示することもありますが、当事者に強制するものではありません。
(2)　均等法に係る紛争事案（男女差別取扱い、セクハラ、産前産後の健康管理措置）
　事業主または労働者からの申請にもとづき、紛争調整委員会で、調停案の作成、受諾勧告等が行われます。
　しかし、当事者に受諾を強制することはできません。あっせんも調停も、ともに紛争当事者に自主的な解決を促すもので強制力はありません。
　両者の差異は、あっせんが当事者間の話合いを中心にするものに対して、調停は、委員が調停案を作成し、勧告するなど積極的に働きかけるものです。

Q19 労働審判制度ってどういう制度のこと

Answer Point

☆平成18年4月からはじまった労働審判制度は、個々の労働者と事業主との間に生じた解雇、賃金不払いその他の労働についての複雑な民事紛争を迅速に解決することを目的とするものです（労働審判法）。

★労働審判制度の概要・流れは

労働審判制度の概要と流れは、図表51のとおりです。

【図表51 労働審判制度の概要】

労働審判制度の概要
① 全国の地方裁判所に労働審判委員会が設けられています。
② 委員会は、次の3名で構成します。
　労働審判官（裁判官）1名　労働審判員（労働問題の専門家）2名
③ 労働審判手続は、委員会で行います。当事者の一方から労働審判手続の申立があった場合には、相手の意向にかかわらず手続を進行させます。
④ 原則として3回以内の審理で結論を出します。
⑤ 原則として調停により解決を図ります。調停は、委員会が調停案を作成し、当事者に勧告するなどして積極的に解決を働きかけるものです。受諾を強制することはできません。
⑥ 調停が成立しない場合は、当事者間の権利関係と審判手続の経過をふまえて労働審判を行います。つまり解決案を示します。
⑦ 労働審判に不服のある当事者は、2週間以内に異議を申し立てることができます。その場合には、労働審判は効力を失います。

【図表52 労働審判制度の流れ】

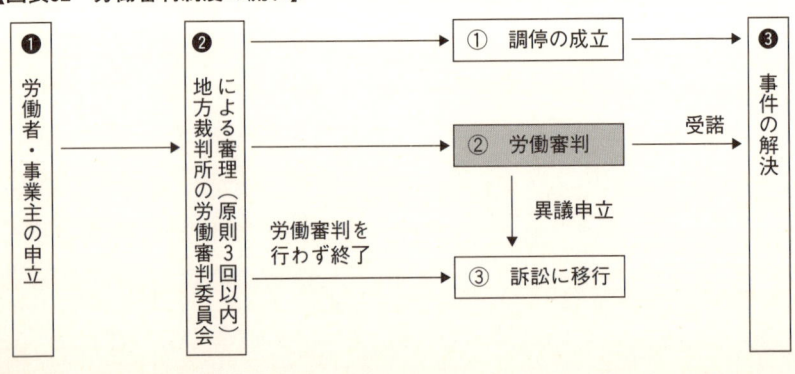

❶ 労働者・事業主の申立 → ❷ 地方裁判所の労働審判委員会による審理（原則3回以内） →
- ① 調停の成立 → ❸ 事件の解決
- ② 労働審判 →受諾→ ❸ 事件の解決 / 異議申立 → ③ 訴訟に移行
- 労働審判を行わず終了 → ③ 訴訟に移行

① 新制定の労働契約法案の主な規定内容

② 労基法改正案の改正ポイント

　今回の労基法改正案には、①1か月80時間を超える時間外労働については割増賃金率を50％以上にすること（数値は予定）、②1年間に5日分までの年次有給休暇については1時間単位で与えることができるようになることなどが盛り込まれています。
　②では、現行の労基法（労働時間制度）を説明したうえで、労基法改正案の改正ポイントについて解説します。

Q20 労基法改正案のねらい・改正点は

Answer Point

☆労基法改正案のねらいは、長時間労働を抑制しながら、働き方の多様化に対応するために労働時間制度を整備することです。

☆今回改正されるのは、図表53のうち、主に「④労働時間・休憩・休日・年次有給休暇」の部分です。

★現行労基法の構成で改正点をみると

　現行労基法は、図表53の14章で構成されています。今回改正されるのは、図表53のうち、主に「④労働時間・休憩・休日・年次有給休暇」の部分です。

★労働時間制度の改正のねらいは

　労働時間の現状についてみると、労働時間が長短二極化しており、子育て世代の男性を中心に長時間労働者の割合の高止まりや健康が損なわれている

【図表53　現行労基法の構成と改正部分】

現行労基法の構成と改正部分
- ① 総則
- ② 労働契約
- ③ 賃金
- ④ 労働時間・休憩・休日・年次有給休暇　⇒平成19年の改正点
- ⑤ 安全衛生
- ⑥ 年少者
- ⑦ 女性
- ⑧ 技能者の養成
- ⑨ 災害補償
- ⑩ 就業規則
- ⑪ 寄宿舎
- ⑫ 監督機関
- ⑬ 雑則
- ⑭ 罰則

例もみられます。

　現在、労働者の仕事と生活のバランスを確保するとともに、労働者の健康確保や少子化対策の観点から、長時間労働の抑制を図ることが課題となっています。

　さらに、産業構造の変化が進む中で、図表54のようにホワイトカラー労働者の増加等により就業形態が多様化しています。

　このような中、企業では、高付加価値で、創造的な仕事の比重が高まってきており、組織のフラット化等に伴い、権限委譲や裁量付与等により、自由度の高い働き方をとる例がみられ、このような働き方においてもより能力を発揮しつつ、長時間労働の抑制を図り、健康を確保できる労働時間制度の整備が必要となっています。

　仕事と生活のバランスを実現するための「働き方の見直し」の観点から、長時間労働を抑制しながら働き方の多様化に対応するため、労働時間制度について整備を行うことが必要であることから、今回、労基法（労働時間制度）の改正が行われます。

【図表54　職業別雇用者構成の推移】

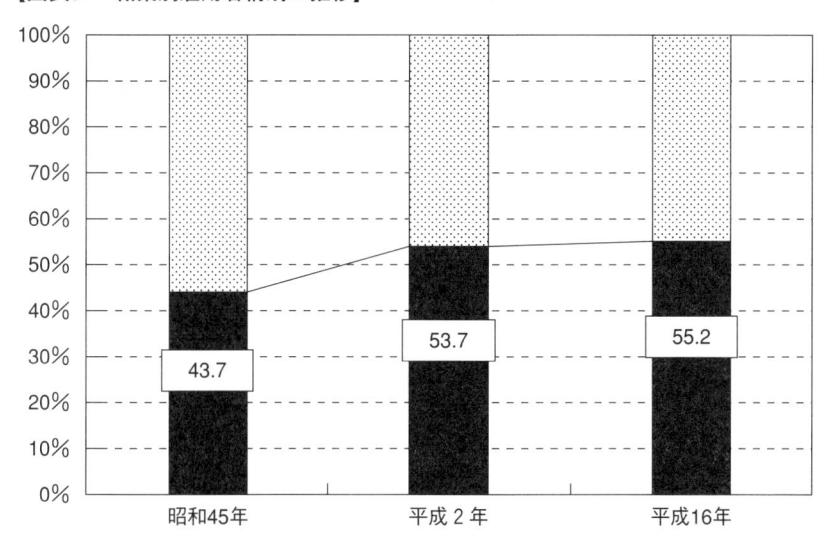

年	いわゆるホワイトカラー労働者
昭和45年	43.7
平成2年	53.7
平成16年	55.2

凡例：
- 製造・制作・機械運転・建設作業者等
- いわゆるホワイトカラー労働者

（資料出所：総務省統計局「労働力調査」）

★労働時間制度の改正点の全容は

　労働時間制度の改正点と対策は、図表55のとおりです。

★現行労基法と改正法案とを比べると

　両者を対比すると、図表56のとおりです。

【図表55　労働時間制度の改正点】

労働時間制度の改正点
- ❶ 時間外労働削減のための改正
  - ① 時間外労働限度基準の改正
  - ② 長時間労働者に対する割増賃金率の引上げ
  - ③ 管理監督者の範囲の明確化
- ❷ 長時間労働削減のための支援策の充実
- ❸ 特に長い長時間労働削減のための助言・指導等の推進
- ❹ 年次有給休暇の１時間単位での付与制度の新設
- ❺ みなし労働時間制の改正
  - ① 企画業務型裁量労働制の改正
  - ② 事業場外労働のみなし労働時間制の改正

【図表56　現行労基法と改正法案との対比】

現行労基法	労基法改正案
次のことを定めている。 ❶ 時間外労働の限度基準（告示） ① 時間外労働の限度時間数 ② 臨時的業務については、特別条項付労使協定を認める。 ❷ 時間外労働の割増賃金率 時間外労働については、一律に25％以上の割増賃金の支払義務あり。 ❸ 有給休暇の付与 ① １年に10日～20日の年休の付与義務 ② １時間単位の付与は認めない。 ❹ 企画業務型裁量労働制 企画等の業務に従事する労働者について、その業務のみなし時間を定めることにより、制度を適用できる。 報告義務あり。	❶ 時間外労働の限度基準 次の事項を追加。 ③ 使用者は、特別条項付協定を結ぶ場合には、延長時間をできる限り短くするように努めること。 ④ 使用者は、特別条項付協定では割増賃金率も定めなければならないこと。 ⑤ 使用者は、上記④の割増賃金率は法定（25％）を超える率とするよう努めること。 ❷ 時間外労働の割増賃金率 １か月の時間外労働時間数により、割増賃金率を次の３段階に分ける。 ① 月45時間までの時間外労働→25％以上の支払義務 ② 月45時間超80時間まで→25％を超える率を支払うように努力する。 ③ 月80時間を超える労働→50％以上［中小企業（従業員300人まで）は３年間適用せず］ ❸ 有給休暇の付与 ① 使用者は、割増賃金に代えて、有給休日を与えることができる。 ② 内容は労使協定で定める。 ③ １年に年休５日までについては、１時間単位の付与を認める。 ❹ 企画業務型裁量労働制 労使協定で上限日数、対象労働者の範囲を決めることが必要。 ① 中小企業については、企画等の業務に主として従事する労働者について、企画等以外も含めた業務全体についてみなし時間を定めることにより、制度を導入できる。 ② 労使委員会の決議必要。 定期報告の廃止。 健康確保、業務量等について労働者から苦情があった場合には、労使委員会で制度全体について必要な見直しを検討することを規定する。

② 労基法改正案の改正ポイント

Q21 労働時間制度の主な改正点は

Answer Point

☆労働時間制度の改正点は、図表55のとおりです。
☆最大の改正点は、長時間労働者についての割増賃金率の引上げです。

★**時間外労働削減のための改正等というのは**

時間外労働削減のための改正等については、図表57の改正が行われます。

【図表57　時間外労働削減のための改正等】

```
                   ┌─ ❶ 時間外労働の限度基準の改正
時間外労働削減の ───┼─ ❷ 長時間労働者についての割増賃金率の引上げ
ための改正等       └─ ❸ 管理監督者の範囲の明確化
```

★**時間外労働の限度基準の改正というのは**

時間外労働の限度基準（告示）については、図表58の規定が追加されます。

【図表58　時間外労働の限度基準の追加規定】

```
                     ┌─ ① 使用者は、特別条項付協定を締結する場合は、延長時間
                     │     をできる限り短くするように努めることを規定する。
時間外労働の限度 ────┼─ ② 特別条項付協定では、割増賃金率も定める。
基準の追加規定       ├─ ③ 割増賃金率は法定（25％）を超える率とすることを規定する。
                     └─ ④ 限度基準で定める事項に、割増賃金に関する事項を追加
                           する。
```

★**長時間労働者についての割増賃金率の引上げというのは**

長時間労働者についての割増賃金率の引上げは、労働者の健康を確保する観点から、一定時間を超える時間外労働を行った労働者に対して、現行より高い一定率による割増賃金を支払うことによって、長時間の時間外労働の抑

制を図るというものです。

なお、「一定時間」及び「一定率」については、労働者の健康確保の観点、中小企業等の企業の経営環境の実態、割増賃金率の現状、長時間の時間外労働に対する抑制効果などを踏まえて引き続き検討し、労働政策審議会（厚生労働大臣の諮問機関）労働条件分料会で審議したうえで、この改正法案が成立したのち、政省令で定められます。

割増率の引上げ分については、労使協定により、金銭の支払いに代えて、有給の休日を付与することができるように規定されます。

★長時間労働削減のための支援策の充実というのは

長時間労働削減のための支援策の充実は、長時間労働を削減するため、時間外労働の削減に取り組む中小企業等に対する支援策を講じるものです。

★特に長い長時間労働削減のための助言・指導等の推進というのは

特に長い長時間労働を削減するためのキャンペーン月間の設定、時間外労働の限度基準に係る特に長い時間外労働について、現行規定（労基法36条4項）に基づく助言・指導等を総合的に推進するというものです。

★管理監督者の明確化というのは

管理監督者となり得るスタッフ職の範囲について、「ラインの管理監督者と企業内で同格以上に位置づけられている者であって、経営上の重要事項に関する企画立案等の業務を担当するものであること」という考え方により明確化されます。

そして、管理監督者である旨を賃金台帳に記載しなければならないことが定められます。

★ホワイトカラー社員の適用除外制度の新設というのは

この制度は、一定の年収を超すホワイトカラー社員について、現行労基法の労働時間規制を適用除外とするものです。労働時間の長短ではなく、仕事の成果で賃金を決めるのが基本的な考え方です。

新制度の対象となる社員は、自分の裁量で毎日の働く時間を自由に決められるようになります。

例えば、徹夜労働をした翌日は、1時間だけ出社したのち帰宅することもできます。その代わりに時間外労働の割増賃金は、支払われなくなります。

対象社員としては、管理職に近い裁量権を持つ知的労働者などが想定され

ています。

　除外対象者の年収基準については、厚生労働省としては、年収900万円以上を想定しているといわれています。

　残業代を含む現在の年収がそのまま除外制度実施後の年収となるため、原則的には、賃金総額は変わらないともいわれています。

　対象労働者の健康管理対策としては、①週休2日相当以上の休日（年間104日）の付与、②月80時間以上の時間労働を行う者に医師の面接指導を義務づけるなどの対策を講じることとされています。違反企業の責任者には、禁固刑が科されます。

　この制度の具体的な内容は、❹のQ39以降で説明します。

　なお、現在会期中の通常国会に提出される労基法改正法案には、この制度の新設は盛り込まれない予定です。

★企画業務型裁量労働制の改正内容は

　企画業務型裁量労働制についての改正内容は、次の(1)～(3)です。

(1)　中小企業については、労使委員会が決議した場合には、現行制度で対象業務とされている「事業の運営に関する事項についての企画、立案、調査及び分析の業務」に主として従事する労働者について、それらの業務以外も含めた全体について「みなし時間」を定めることにより、企画業務型裁量労働制を適用することができることとされます。

(2)　事業場における記録保存により実効的な監督指導の実施が確保されていることを前提として、労働時間の状況及び健康・福祉確保措置の実施状況に係る定期報告が廃止されます。

(3)　苦情処理措置について、労働者から健康確保や業務量等についての苦情があった場合には、労使委員会で制度全体の必要な見直しが検討されます。

★事業場外労働のみなし労働時間制制度の改正というのは

　事業場外労働のみなし労働時間制制度について、制度の運用実態を踏まえ、必要な場合には適切な措置が講じられます。

★年次有給休暇制度の改正というのは

　労基法改正案では、上限日数（5日）を設定したうえで、労使協定によりその事業場における上限日数や対象労働者の範囲を定めた場合には、労働者は1時間単位で年次有給休暇を取得できることとされます。

Q22 現行労基法の労働時間制度は

Answer Point

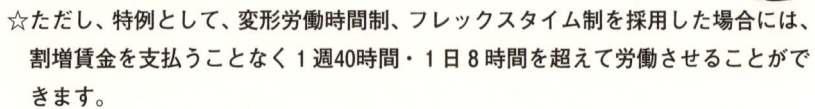

☆現行労基法では、使用者（会社）は、原則として、労働者に、1週40時間・1日8時間を超えて労働させてはなりません。

☆ただし、特例として、変形労働時間制、フレックスタイム制を採用した場合には、割増賃金を支払うことなく1週40時間・1日8時間を超えて労働させることができます。

☆以上の点については、労基法上、男女とも同じ取扱いです。

★1週あたりの法定労働時間というのは

法定労働時間とは、労基法で定められている労働時間の限度のことです。

現在、週40時間労働制が全面的に実施されています。使用者は、労働者に、1週間について40時間を超えて労働させてはなりません（労基法32条1項）。

この場合「1週間」とは、その事業場において就業規則等で、例えば「水曜日から火曜日まで」と定められていれば、それがその事業場における1週間です。とくに定めがない場合は、日曜日から土曜日までの暦週を意味します。

★特例措置対象事業場の取扱いは

図表59に掲げる業種で、常時10人未満の労働者を使用する事業場の法定労働時間は、現行では1週44時間となっています。

この場合、事業場の規模（労働者数）は、企業全体の規模をいうのではなく、工場、支店、営業所等の個々の事業場の規模をいいます。

【図表59　特例措置対象事業場】

業　　種	具体的内容
商業	卸売業、小売業、理美容業、倉庫業、その他の商業
映画・演劇業	映画の映写、演劇、その他の興業の事業
保健衛生業	病院、診療所、社会福祉施設、浴場業、その他の保健衛生業
接客娯楽業	旅館、飲食店、ゴルフ場、公園・遊園地、その他の接客娯楽業

★1日あたりの法定労働時間というのは

使用者は、労働者に、休憩時間を除き、1日について8時間を超えて労働

させてはなりません（労基法32条2項）。

1日とは原則として、暦日（午前0時から午後12時まで）のことです。ただし、交替制勤務などで、1勤務が2暦日にわたる場合（例えば、3月1日午後10時から翌日の3月2日午前6時まで）には、例外的に始業時刻の属する日（3月1日）の1日の労働として取り扱われます。

法定労働時間・所定労働時間・実労働時間の違いは、図表60のとおりです。

【図表60　法定労働時間・所定労働時間・実労働時間の違い】

名　　称	意　　味
❶ 法定労働時間	労基法で、使用者がその時間を超えて労働させてはならないと定められている時間のことです。 1週間あたりの法定労働時間は原則40時間、1日あたりの法定労働時間は8時間です。
❷ 所定労働時間	その事業場で、就業規則等で定められている労働時間のことです。例えば、午前9時始業、正午から午後1時まで休憩、午後5時終業となっていれば、その事業場の1日の所定労働時間は7時間です。
❸ 実労働時間	その労働者が実際に働いた時間のことです。上記の所定労働時間の事業場で午前9時から午後7時まで働らけば、実労働時間は9時間です。

★変形労働時間制の特例は

図表61のように変形労働時間制、またはフレックスタイム制を導入すれば、時間外労働協定を結ばず、時間外労働の割増賃金を支払うことなく「1週40時間・1日8時間」を超えて、適法に労働させることができます。

★変形労働時間制というのは

変形労働時間制（以下、変形制と略称します）には、1週間変形制、1か月変形制、1年変形制の3種類があります。

導入すれば、事業場ごとに、1週、1か月または1年という期間で、忙しいときは所定労働時間を法定労働時間（週40時間・1日8時間）より長く、ヒマなときは短く、弾力的に決めることができます。

しかも、法定労働時間を超えて労働させても、時間外労働の割増賃金を支払う必要はありません。代わりに、ヒマなときは、所定労働時間を短くしたり、所定休日にします。

★変形制の対象にできない労働者は

妊産婦（妊娠中・出産後1年を経過しない女性）が請求した場合、変形制

【図表61　労基法の労働時間制度】

制度名		適用範囲、要件	規制内容
❶原則		1週あたりの法定労働時間：40時間（特例措置対象事業場は44時間） 1日あたりの法定労働時間：8時間	
❷変形制、フレックスタイム制による特例	(1) 1か月変形制	① 労使協定、就業規則のいずれか必要 ② 請求のあった妊産婦、年少者（18歳未満の者）は除く	1か月以内の対象期間を平均し、週40時間（特例事業場は44時間）を超えない範囲内。 ※1日、1週あたりの所定労働時間の上限なし。
	(2) 1年変形制	① 就業規則と労使協定が必要 ② 一般職の地方公務員、請求のあった妊産婦、年少者は除く	① 1年以内の対象期間を平均し、週40時間以内。 ② 1日10時間、週52時間が限度。
	(3) 1週間変形制	① 労使協定が必要 ② 労働者数29人までの小売業、旅館、料理店、飲食店 ③ 請求のあった妊産婦、年少者は除く	週40時間以内、1日10時間が限度。
	(4) フレックスタイム制	① 就業規則等と労使協定が必要 ② 一般職の地方公務員、年少者は除く	1か月以内の対象期間を平均し、週40時間（特例事業場は44時間）以内。
❸業種・業務による特例	(1) みなし労働時間制	① 専門業務型裁量労働制 ② 企画業務型裁量労働制 ③ 事業場外労働のみなし制	実労働時間の算定に、みなし労働時間制を適用できる。
	(2) 労基法の適用除外	次の各者が対象。年少者は除く ① 管理監督者、機密事務取扱者 ② 監視・断続的労働従事者で労基署長の許可を受けた者 ③ 農業、畜産水産業に従事する者	労働時間、休憩、休日に関する規定は不適用。 年次有給休暇に関する規定は適用。
❹年齢による特例	(1) 原則	15歳の学年末までの者	就業禁止。
		年少者（満18歳未満の者）	変形制・フレックスタイム制不可。
	(2) 1日の労働時間の延長	年少者	週40時間を超えない範囲で、週のうち1日を4時間以内に短縮した場合、他の日を10時間まで延長可。
	(3) 7時間労働制	修学児童（満13歳以上）で労基署長の許可を受けた場合	労働時間と修学時間を通算して週40時間、1日7時間。

を導入している事業場でも、その妊産婦1週間または1日の法定労働時間を超えて労働させることはできません。

また、年少者（満18歳未満の者）も、原則として法定労働時間を超えて働かせることはできません。

② 労基法改正案の改正ポイント

★フレックスタイム制というのは

　フレックスタイム制とは、労基法にもとづき、最長１か月間の所定労働時間の総枠内で、各労働者に日々の出勤と退社の時刻、１日の労働時間の長さを自主的に決めさせる勤務制度です（労基法32条の３）。会社がその１か月に働く時間を、例えば、184時間（１日８時間×月間所定労働日数23日）と決めます。それに基づき、図表62に示すように、コアタイムとフレキシブルタイムを決めるのです。この枠内で、各出勤日について、何時に出社、退社するか、１日何時間働くかは労働者の自由です。

　このようにフレックスタイム制は、労働者が自分の仕事の繁閑、自己都合等に合わせて、日々の出退勤の時刻、労働時間の長さを決めることができる制度です。

　この制度のもとでは、今日は頭が冴えているから一気に企画書をまとめようと、午前８時出勤、午後７時退社、１日10時間勤務で働いてもよいし、またある日は、市役所に立ち寄る必要があるので、午前11時出勤、午後６時退社で６時間勤務にすることも可能です。

【図表62　フレックスタイム制のモデル例】

7:00	10:00	12:00	13:00	15:00	21:00
フレキシブルタイム	コアタイム	休憩	コアタイム	フレキシブルタイム	

　8:30　←──標準労働時間帯──→　17:00
　←────フレックスタイム制適用時間帯────→

★みなし労働時間制というのは

　外交セールスなど事業場の外で働く業務や、専門職・企画職など、業務の性質上、各従業員の裁量に委ねる傾向の強い業務は、実際の労働時間を計算するのが難しいものです。

　みなし労働時間制とは、これらの労働時間を計算しにくい業務について、一定時間の労働をしたものと「みなす」制度です。

　例えば、１日の実際の労働時間が８時間30分でも９時間30分でも、平均すると９時間というのであれば、その業務の実労働時間数を９時間とみなす(取り扱う)わけです。

　「みなし労働時間数」は、それぞれの制度により、使用者が独自にあるいは労使協定、労使委員会決議にもとづいて決めます。

Q23 労基法違反にならない時間外・休日労働の協定は

Answer Point

☆会社（使用者）は、その事業場の労働組合または労働者の過半数代表者と時間外・休日労働についての労使協定を結ぶことにより、労基法に違反することなく労働者に法定の労働時間を超えて、または法定休日（1週に1日）に労働させることができます（労基法36条）。

★三六協定というのは

「時間外・休日労働に関する労使協定」は、労基法36条にもとづく協定であることから、一般に「三六協定」（さんろくきょうてい）といわれています。

この三六協定を結ぶ以外に使用者が労働者に適法に時間外・休日労働を行わせることができるのは、①災害等により臨時の必要がある場合と、②公務により臨時の必要がある場合のみです。

★三六協定で定める事項は

三六協定は、書面によって図表63の事項について締結しなければなりません。

【図表63　三六協定で定める事項】

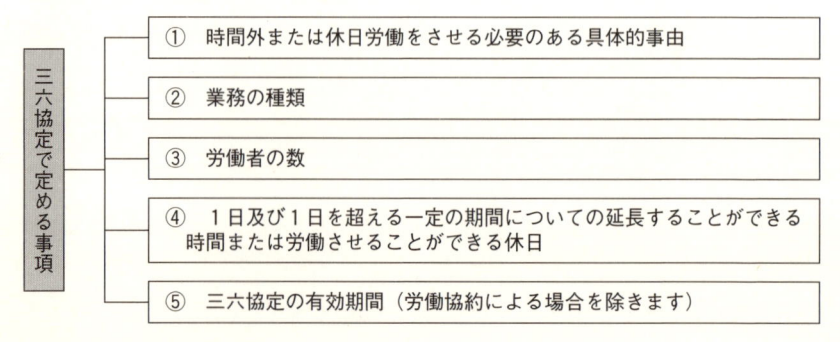

三六協定で定める事項
- ① 時間外または休日労働をさせる必要のある具体的事由
- ② 業務の種類
- ③ 労働者の数
- ④ 1日及び1日を超える一定の期間についての延長することができる時間または労働させることができる休日
- ⑤ 三六協定の有効期間（労働協約による場合を除きます）

★労使協定の締結単位・当事者は

労使協定は、事業場ごとに結びます。

労使協定とは、使用者が次の(1)(2)のいずれかの者と書面により所定の事項を取り決めたものです。

② 労基法改正案の改正ポイント

(1) その事業場の労働者の過半数で組織する労働組合がある場合においては、その労働組合を代表する者
(2) 労働者の過半数で組織する労働組合がない場合においては、その事業場の労働者の過半数を代表する者

★三六協定の有効期間は

　三六協定には、労働協約による場合を除き、その有効期間を定めておかなければなりません。また、三六協定を更新するときは、所轄労基署長に更新する旨の協定を届け出れば足ります。

★労基署長への届出は

　三六協定は、所定の書式により所轄労基署長に届け出さなければなりません。

★三六協定の刑事免責の効力は

　三六協定は、時間外または休日の労働を労基法に関して適法に行うための要件であり、この協定にもとづいて、その事業場の全労働者に時間外・休日労働を行わせたとしても、労基法36条の罪に問われないという効果（刑事免責の効力）をもっています。

　三六協定の刑事免責の効果は、協定の当事者である「労働者の過半数で組織する労働組合」の組合員についてはもちろんのこと、他組合の組合員、組合員以外の労働者にも及びます。すなわち、いったんこのような労働組合と三六協定を締結すれば、使用者は、別組合員や非組合員に時間外・休日労働を行わせても労基法36条違反となりません。

★三六協定の民事免責の効力は

　使用者は三六協定を締結したからといって、当然に労働者に時間外・休日労働を命ずることができる私法上の権利（民事上の権利）をも取得するわけではありません。

　使用者が時間外・休日労働を命じうる根拠、いいかえれば、使用者の行う時間外・休日労働の命令に労働者が服すべき義務が発生する根拠は、具体的には個々の使用者と労働者の間の労働契約です。

　このため、就業規則または労働契約書の中に「会社は業務遂行上必要な場合には、従業員に時間外労働又は休日労働を命ずることができる」ことを定めておくことが必要です。

Q24 現行労基法の時間外労働の限度基準は

Answer Point

☆男女労働者の時間外労働の限度時間については、労基法にもとづく基準が定められています。

☆また、坑内労働その他有害業務の時間外労働は1日2時間まで（休日労働は1日10時間まで）とされています。

☆これらの基準や制限の内容は、男女同じ取扱いです（以上、労基法36条）。

☆上記の範囲内でも育児・家族介護を行う男女労働者が請求したときは、会社は、当人に1か月24時間、これとは別に1年150時間を超えて時間外労働を行わせることが禁止されています（休業法17・18条）。

★一般労働者の時間外労働の限度基準は

時間外労働の限度基準（告示）の規定内容は、図表64のとおりです。

【図表64 時間外労働の限度基準】

時間外労働の限度基準
- ❶ 使用者は、その事業場の従業員に時間外労働を行わせる場合には、あらかじめ、過半数従業員の代表者（過半数労働組合がある場合は、その代表者）と、時間外労働協定を結び、その事業場の時間外労働の限度時間を次の3つについて定めなければなりません。
  - ① 1日
  - ② 1日を超えて3か月以内の期間
  - ③ 1年間
- ❷ ❶の②と③の時間については、次の時間の限度内でなければなりません。
  - ④ 一般労働者（次の⑤を除く）→図表66の時間
  - ⑤ 1年単位の変形労働時間制、（対象期間が3か月を超えるもの）の対象労働者→図表67の時間

★限度時間を超えて時間外労働を行う「特別の事情」が生じた場合は

上記にかかわらず、限度時間を超えて時間外労働を行わせなければならない「特別の事情」が生じた場合に限り、一定期間ごとに、あらかじめ労使当事者間で定める手続をへて、通算6か月にわたって、限度時間を超える一定時間まで時間外労働を行わせることができる旨の規定（時間外労働の特別条項）を定めることができます。

なお、上記の「特別の事情」は、決算、臨時の大量受注など臨時的なものに限られます。

★限度基準が適用されない事業・業務の時間外労働協定は

図表65の事業・業務における時間外労働協定については、図表64の限度基準は適用されません。

【図表65 限度基準が適用されない事業・業務】

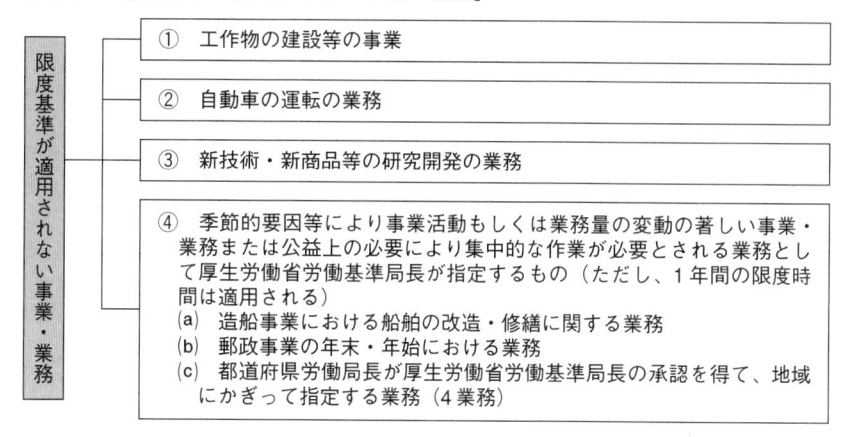

限度基準が適用されない事業・業務
- ① 工作物の建設等の事業
- ② 自動車の運転の業務
- ③ 新技術・新商品等の研究開発の業務
- ④ 季節的要因等により事業活動もしくは業務量の変動の著しい事業・業務または公益上の必要により集中的な作業が必要とされる業務として厚生労働省労働基準局長が指定するもの（ただし、1年間の限度時間は適用される）
  - (a) 造船事業における船舶の改造・修繕に関する業務
  - (b) 郵政事業の年末・年始における業務
  - (c) 都道府県労働局長が厚生労働省労働基準局長の承認を得て、地域にかぎって指定する業務（4業務）

【図表66 一般労働者の時間外労働の限度】

期　　　間	限度時間
1　週　間	15　時　間
2　週　間	27　時　間
4　週　間	43　時　間
1　か　月	45　時　間
2　か　月	81　時　間
3　か　月	120　時　間
1　年　間	360　時　間

注1　一定期間が図表66に該当しない場合の限度時間は、計算式で求める時間となります（具体的な計算式は、労働基準監督署に問い合わせてください）。

注2　限度時間は、法定の労働時間を超えて延長することができる時間数を示すものです。また、休日労働を含むものではありません。

★労使の順守義務は

使用者及び労働者の過半数を代表する者等は、時間外労働協定で労働時間の延長を定めるにあたっては、その協定の内容が図表64❶①～③の基準に適合したものとなるようにしなければなりません。

労基署と都道府県労働局は、図表64の❶①～③の基準に関して使用者及び労働者の過半数を代表する者等に対し、必要な助言、指導を行います。

Q24　現行労基法の時間外労働の限度基準は

【図表67　1年単位の変形労働時間制(対象期間が3か月超のもの)の対象労働者の限度時間】

期　　間	限度時間
1　週　間	14　時　間
2　週　間	25　時　間
4　週　間	40　時　間
1　か　月	42　時　間
2　か　月	75　時　間
3　か　月	110　時　間
1　年　間	320　時　間

(注) 図表66の注1・2に同じ。

★有害業務についての時間外・休日労働の制限は

　坑内労働その他命令で定める健康上とくに有害な業務については、時間外労働は1日2時間、休日労働は1日10時間までに制限されています。

　命令では、図表68の業務が指定されています（労基則18条）。

【図表68　指定有害業務】

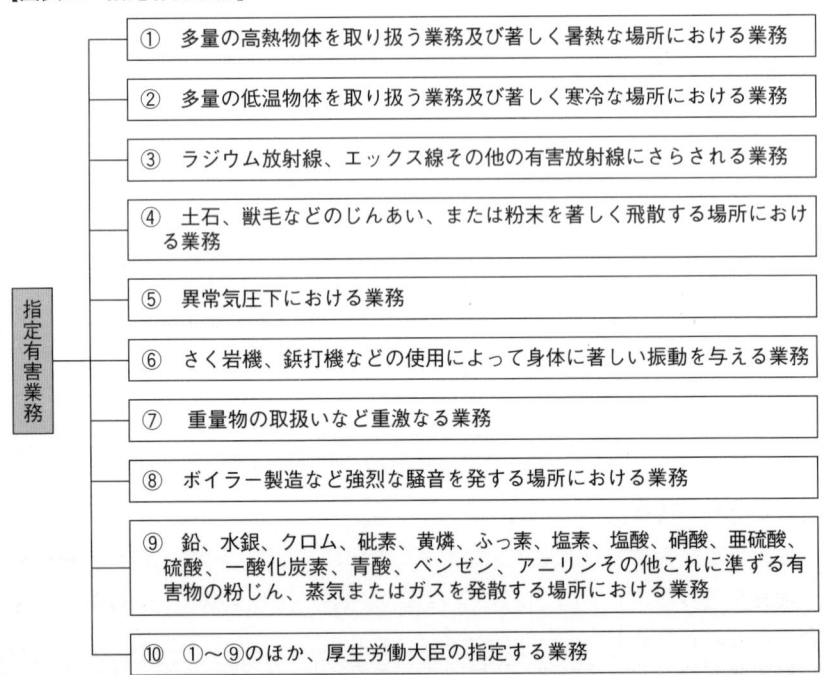

指定有害業務
① 多量の高熱物体を取り扱う業務及び著しく暑熱な場所における業務
② 多量の低温物体を取り扱う業務及び著しく寒冷な場所における業務
③ ラジウム放射線、エックス線その他の有害放射線にさらされる業務
④ 土石、獣毛などのじんあい、または粉末を著しく飛散する場所における業務
⑤ 異常気圧下における業務
⑥ さく岩機、鋲打機などの使用によって身体に著しい振動を与える業務
⑦ 重量物の取扱いなど重激なる業務
⑧ ボイラー製造など強烈な騒音を発する場所における業務
⑨ 鉛、水銀、クロム、砒素、黄燐、ふっ素、塩素、塩酸、硝酸、亜硫酸、硫酸、一酸化炭素、青酸、ベンゼン、アニリンその他これに準ずる有害物の粉じん、蒸気またはガスを発散する場所における業務
⑩ ①〜⑨のほか、厚生労働大臣の指定する業務

Q25 時間外労働の「特別条項付協定」と限度基準の改正点は

Answer Point

☆現行労基法では、臨時的に限度時間を超えて時間外労働を行わなければならない特別の事情が予想される場合には、特別条項付協定を結べば、限度時間を超える時間を延長時間とすることができます。

☆改正法案では、時間外労働の限度基準の規定が追加されます。

★時間外・休日労働協定の特別条項の要件は

時間外・休日労働協定の特別条項の記載内容は、図表69の❶～❻の要件のすべてを満たしていることが必要です。

【図表69 時間外・休日労働協定の特別条項の要件】

時間外・休日労働協定の特別条項の要件
- ❶ 原則としての延長時間（限度時間以内の時間）を定める。（注1）
- ❷ 限度時間を超えて時間外労働を行わなければならない特別の事情をできるだけ具体的に定める。（注2）
- ❸ 「特別の事情」は、次の①②に該当するものである。（注3）
  ① 一時的または突発的である。
  ② 全体として1年の半分を超えないことが見込まれる。
- ❹ 一定期間の途中で特別の事情が生じ、原則としての延長時間を延長する場合に労使がとる手続を、協議、通告、その他具体的に定める。（注4）
- ❺ 限度時間を超える一定の時間を定める。（注5）
- ❻ 限度時間を超えることのできる回数を定める。（注6）

★時間外・休日労働協定の特別条項の具体例は

時間外・休日労働協定の特別条項の具体例は、図表70のとおりです。

【図表70 時間外・休日労働協定の特別条項の具体例】

一定時間についての延長時間は1か月30時間（注1）とする。ただし、通常の生産量を大幅に超える受注が集中し、特に納期がひっ迫したとき（注2、3）は、労使協議を経て（注4）、1か月50時間まで（注5）これを延長することができる。この場合、延長時間を更に延長する回数は、6回までとする（注6）。

★特別条項付協定が認められる「特別の事情」というのは

　特別条項付協定を締結する場合、「特別の事情」は「臨時的なものに限る」こととされています。

　「臨時的なもの」とは、一時的または突発的に、時間外労働を行わせる必要があるものであり、全体として1年の半分を超えないことが見込まれるものを指します。

　限度時間を超えて時間外労働を行わなければならない特別の事情は、限度時間以内の時間外労働をさせる必要のある具体的事由よりも限定的である必要があります。

　このような趣旨から、特別条項付協定を締結する際は、限度時間を超えることのできる回数を協定して、その回数については1年の半分以下となるよう、労使で「特別の事情」を協議しなければなりません。

★「臨時的」と認められるのは

　「臨時的」と認められるのは、図表71のようなケースです。

【図表71　臨時的と認められるケース】

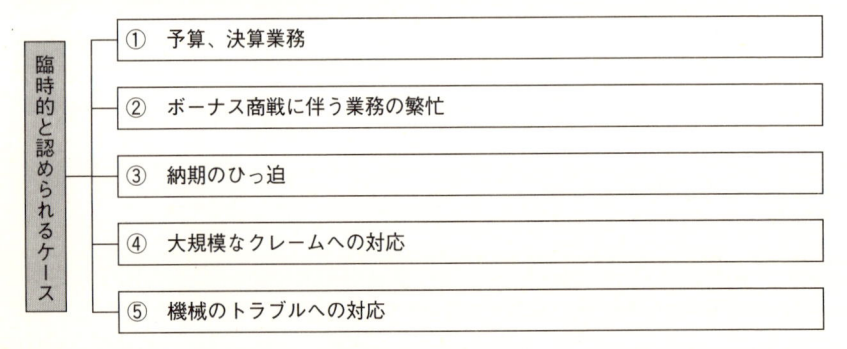

臨時的と認められるケース	
①	予算、決算業務
②	ボーナス商戦に伴う業務の繁忙
③	納期のひっ迫
④	大規模なクレームへの対応
⑤	機械のトラブルへの対応

★「臨時的」と認められないのは

　「臨時的」と認められないのは、図表72のようなケースです。

★限度時間を超える期間が1年の半分以下となる回数の定め方というのは

　限度時間を超える期間が1年の半分以下となる回数の定め方は、図表73のとおりです。

【図表72　臨時的と認められないケース】

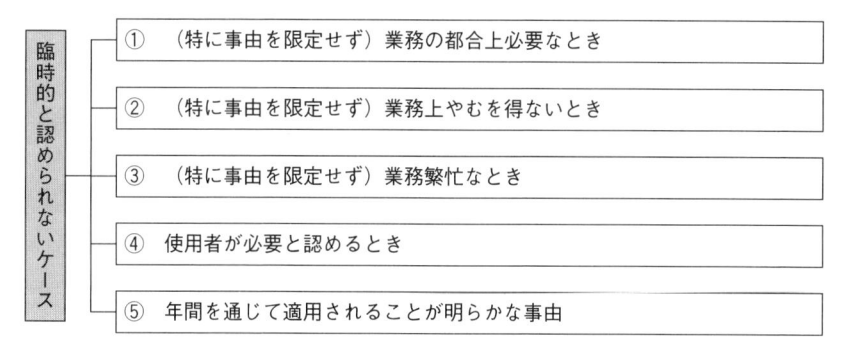

臨時的と認められないケース
- ① （特に事由を限定せず）業務の都合上必要なとき
- ② （特に事由を限定せず）業務上やむを得ないとき
- ③ （特に事由を限定せず）業務繁忙なとき
- ④ 使用者が必要と認めるとき
- ⑤ 年間を通じて適用されることが明らかな事由

【図表73　限度時間を超える期間が１年の半分以下となる回数の定め方の例】

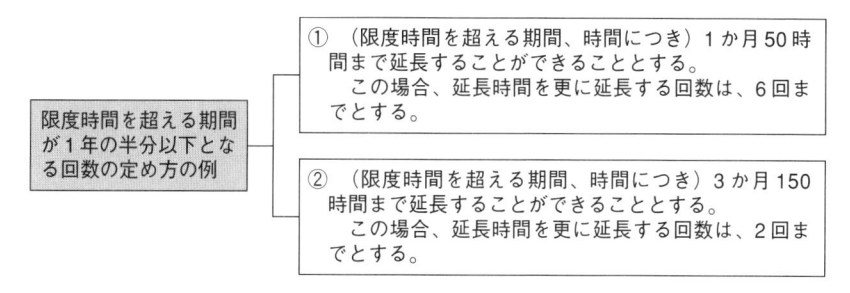

限度時間を超える期間が１年の半分以下となる回数の定め方の例
- ① （限度時間を超える期間、時間につき）１か月50時間まで延長することができることとする。
  この場合、延長時間を更に延長する回数は、６回までとする。
- ② （限度時間を超える期間、時間につき）３か月150時間まで延長することができることとする。
  この場合、延長時間を更に延長する回数は、２回までとする。

★時間外労働の限度基準の改正というのは

　時間外労働の限度基準（告示）の改正については、図表74の規定が追加されます。

【図表74　時間外労働の限度基準の追加規定内容】

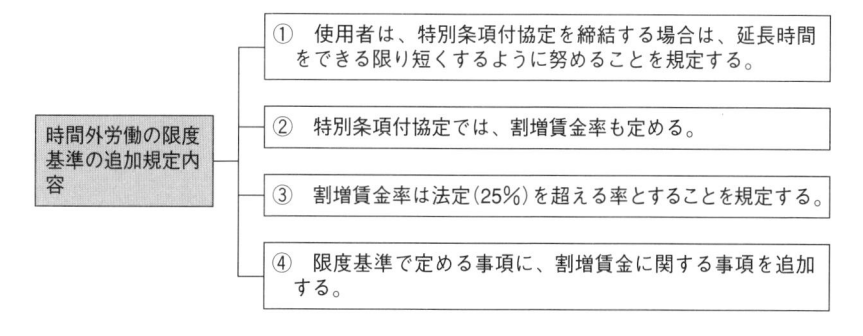

時間外労働の限度基準の追加規定内容
- ① 使用者は、特別条項付協定を締結する場合は、延長時間をできる限り短くするように努めることを規定する。
- ② 特別条項付協定では、割増賃金率も定める。
- ③ 割増賃金率は法定（25％）を超える率とすることを規定する。
- ④ 限度基準で定める事項に、割増賃金に関する事項を追加する。

Q25　時間外労働の「特別条項付協定」と限度基準の改正点は

Q26 現行労基法の時間外・休日・深夜労働の割増賃金の扱いは

Answer Point

☆現行労基法では、会社（使用者）は、従業員に法定労働時間（1週40時間・1日8時間）を超える時間外労働や法定休日（1週1日）の労働、深夜労働（午後10時から午前5時までの労働）をさせた場合には、一定の割増賃金を支払うことが義務づけられています（労基法37条）。

★割増賃金の支払義務は

使用者が違法に、あるいは法の手続を欠いて、従業員をこれらの労働に従事させた場合にも、図表75の割増賃金を支払う義務があります。例えば、時間外・休日労働に必要な協定を結ばずに行わせた場合、出入国管理法違反の外国人労働者に行わせた場合、年少者・妊産婦に行わせた場合などです。

【図表75 割増賃金の支払義務】

条　件	割増率
① 時間外労働	通常賃金の25％以上増
② 深夜労働	通常賃金の25％以上増
③ 休日労働	通常賃金の35％以上増

条件が重複した場合の割増賃金の計算は、図表76のようにします。

【図表76 条件が重なった場合の割増賃金早見表】

時間外労働	深夜労働	休日労働	8時間超	割増率	例
●	●			50％以上	月～金に深夜労働
	●	●		60％以上	日曜日に深夜労働
		●	●	35％以上	日曜日に8時間を超えて働く

★法内残業分の賃金支払額は

法内残業（例えば、所定労働時間6時間のパートが2時間残業をした場合）については、法定労働時間（1日8時間）の範囲内です。

したがって、時間あたり賃金を支払えばよく、割増分（25％）を支払う必要はありません。例えば、時給1,000円の人であれば、1,000円×2時間で2,000円を支払えば問題ありません。

★割増賃金の計算は

割増賃金の計算にあたっての留意事項は、図表77の2点です（労基則19条～21条）。

【図表77　割増賃金の計算にあたっての留意事項】

```
割増賃金の計算に ─┬─ ① 算定基礎となる賃金の範囲・算定に含まれない賃金
あたっての留意事項 └─ ② その賃金の支払形態別の計算方法
```

★算定基礎となる賃金（通常賃金）の範囲は

割増賃金の算定基礎とする賃金は、「通常の労働時間または労働日の賃金」で、一般に「通常賃金」といっています。通常賃金とは、割増賃金を支払うべき労働（時間外・休日労働、深夜業）が、深夜でない所定労働時間中に行われた場合に支払う賃金のことです。

★算定に含まれない賃金は

ところで労基法では、図表78に示す賃金は割増賃金の算定基礎に含めないとしています。

これを一般に「除外賃金」といいます。いいかえると、これ以外は「通常賃金」で、すべて算定基礎に含めることになるわけです。

【図表78　割増手当の除外賃金】

	名　　称	内　　容
①	家族手当	扶養家族数、またはこれを基礎とする家族手当を基準として算出する手当
②	通勤手当	通勤距離または通勤に要する実際費用に応じて算出する手当
③	別居手当	単身赴任者を対象とする手当
④	子女教育手当	通学中の子の数に応じて支払う手当
⑤	臨時に支払う賃金	臨時的、突発的な事由にもとづいて支払うもの。結婚手当、私傷病手当、加療見舞手当　退職金
⑥	1か月を超える期間ごとに支払われる賃金	賞与など
⑦	住宅手当	住宅に要する費用に応じて算定する手当

★除外賃金か否かの判断基準は

個々の手当などを割増賃金の算定基礎に含むか否かは、名称ではなく、実

質的内容で判断されます。

例えば、名称が物価手当、生活手当であっても、その手当が扶養家族を基礎として算定している場合は、家族手当とみなされます。

反対に、家族手当と称していても、扶養家族数に関係なく一律に支給している手当は家族手当とは認められず、算定基礎に含まれなければなりません。

★住宅手当の扱い方は

除外賃金としての住宅手当とは、住宅に要する費用に応じて算定される手当をいいます。したがって、図表79のケースは除外賃金となります。

【図表79　除外賃金としての住宅手当とは】

除外賃金としての住宅手当とは

❶ 住宅に要する費用に定率を乗じた額を支給する場合。
例えば、賃貸住宅家賃の一定割合、持ち家購入ローン月額の一定割合を支給するなど。

❷ 住宅に要する費用を段階的に区分し、費用の増加に従って額を多くして支給する場合。
例えば、家賃月額5～10万円の者には2万円、家賃月額10万円を超える者には3万円を支給するなど。

ただし、次の(1)(2)のケースは、除外賃金ではありません。
(1) 住宅の形態ごとに一律に低額で支給する場合。例えば、賃貸住宅の入居者には2万円、持ち家住居者には1万円を支給するなど。
(2) 住宅以外の要素に応じて定率または低額で支給する場合。例えば、扶養家族がある者には2万円、ない者には1万円を支給するなど。

★割増賃金の計算方法（1時間あたりの賃金額の出し方）は

割増賃金の額は、図表80に示す方法で算出した1時間あたりの賃金額に、時間外労働、休日労働、深夜労働の時間数をかけ算して得ます。

割増賃金を求める計算式は、図表81に示すとおりです。

★年俸制対象労働者の割増賃金は

年俸制の場合でも、時間外労働、休日労働、深夜業を行わせたときは、あらかじめ決まっている年俸額のほかに、法定の割増賃金を支払う必要があります。

ただし、労基法41条に定める管理監督者等については、労基法の労働時間、休憩、休日に関する規定が適用除外となっていますので、深夜労働を除き割増賃金の支払義務はありません。

【図表80　1時間あたり賃金の計算方法】

賃金形態	1時間あたりの賃金額の計算方法
❶ 時間給	時給金額、日給金額を所定労働時間数で割って得た額（日によって所定労働時間が異なる場合は、1週間の1日あたり平均所定労働時間で割る）
❷ 週　給	週給金額を週の所定労働時間数で割って得た額（週によって所定労働時間数が異なる場合は、4週間の1週あたり平均所定労働時間で割る）
❸ 月　給	月給額を1か月における所定労働時間数で割って得た額（月によって所定労働時間が異なる場合には、1年間の1か月あたり平均所定労働時間数で割る）
❹ 旬給等	月、週以外の一定の期間で定めた賃金については、上記に準じて算定した額
❺ 請負給等	出来高払制その他の請負制で定めた賃金については、その賃金算定期間（賃金締切期間）の賃金の総額を、算定期間の総労働時間数で割って得た額

注　賃金が2つ以上の形態で構成されている場合は、各部分についてそれぞれの計算方法で算出した金額の合計です。

【図表81　時間外労働時の割増賃金の計算式】

$X＝（A＋B－C）×D×1.25$（請負給は0.25）
　　X：割増賃金の総額
　　A：基本給の1時間分の金額
　　B：諸手当の1時間分の金額
　　C：手当のうち除外すべきものの1時間分の金額
　　D：時間外労働の時間数

注　出来高払制その他の請負制によって賃金を定めている場合は、時間外労働、休日労働に対する時間あたり賃金はすでに賃金総額に含んでいますので、加給すべき賃金は、計算額の0.25以上の分だけになります。

　年俸制の場合の割増賃金の算定のしかたは、図表82のとおりです。
　年俸の毎月払いの部分以外に年数回賞与を支払う場合で、支給額があらかじめ決まっているものは、図表82の①の算式のように、割増賃金の算定基礎に含めて計算します。
　逆に、勤務成績に応じて支払う賞与で、支給額が決まっていないものは年俸額から除外します。

【図表82　年俸制の場合の割増賃金の算定のしかた】

① 年俸金額÷12か月＝割増賃金の算定基礎となる月額
注　年俸金額には、あらかじめ支給額が確定している賞与を含みます。
② ①の月額÷1か月の平均所定労働時間数×割増率＝割増賃金の1時間あたりの単価

Q26　現行労基法の時間外・休日・深夜労働の割増賃金の扱いは

Q27 長時間労働者についての割増賃金率の引上げは

Answer Point

☆労基法改正案では、一定時間を超える時間外労働を行った労働者に対して、現行より高い一定率による割増賃金を支払うこととされます。
☆割増率の引上げ分については、労使協定により、金銭の支払いに代えて、有給の休日を付与することができるようにされます。

★ 割増賃金率引上げのねらいは

　割増賃金率引上げのねらいは、労働者の健康を確保する観点から、一定時間を超える時間外労働を行った労働者に対して、現行労基法で定める率(25%以上)より高い一定率による割増賃金を支払うこととすることによって、長時間の時間外労働の抑制を図るというものです。各事業場における法定時間外労働に対する割増賃金の割増率の設定状況は、図表83のとおりです。

【図表83　法定時間外労働に対する割増賃金の割増率の設定状況】　　　　　(%)

	計	時間外労働に対する割増賃金率の定めがある又は定めはないが、割増賃金を支払っている											平均
		25%未満	25%	25%超30%未満	30%	30%超35%未満	35%	35%超40%未満	40%	40%超45%未満	45%	45%超50%未満	50%	50%超	
合　計	100.0	2.3	89.3	0.7	5.3	0.5	0.9	0.1	0.0	0.0	0.2	0.1	0.2	0.3	25.7%
【事業場規模】															
1〜9人	100.0	2.8	90.1	0.5	4.2	0.6	0.6	0.1	0.0	0.0	0.1	0.3	0.1	0.4	25.6%
10〜30人	100.0	1.2	88.3	0.8	7.1	0.1	2.2	0.0	—	0.0	0.0	0.0	0.1	—	25.7%
31〜100人	100.0	0.6	86.9	1.2	9.8	0.3	0.9	0.0	0.0	0.0	0.1	0.0	0.1	—	25.6%
101〜300人	100.0	0.4	74.2	2.1	20.4	0.6	2.1	0.1	0.0	0.0	0.0	—	0.1	—	26.3%
301人以上	100.0	0.1	56.1	2.2	36.9	0.5	3.6	0.1	0.1	0.0	0.5	0.0	0.1	—	27.4%

(資料出所：厚生労働省「労働時間等総合実態調査結果（平成17年度）」)

★ 「一定時間」「一定率」というのは

　これらについては、労基法改正案が成立したのち、施行日までの間に、政省令で定められます。これらを決定するにあたっては、図表84のことを考慮して、労働政策審議会（労働条件分科会）で審議したうえで決定されます。

★ 割増賃金率についての労使代表委員の意見は

　労働政策審議会（労働条件分科会）の労働者代表委員から、割増賃金率の国際基準や均衡割増賃金率を参考に、割増賃金率を50%に引き上げることと

【図表84 割増率等を決めるにあたって考慮する事項】

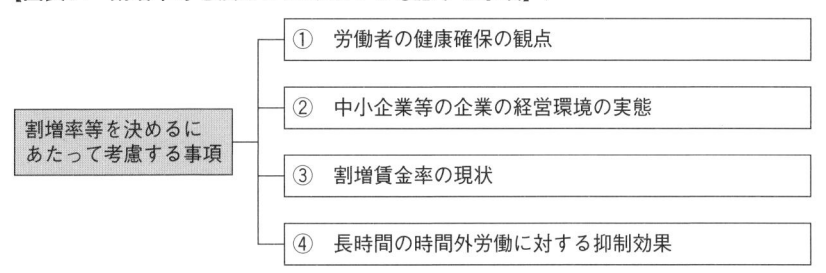

```
割増率等を決めるに          ① 労働者の健康確保の観点
あたって考慮する事項
                         ② 中小企業等の企業の経営環境の実態

                         ③ 割増賃金率の現状

                         ④ 長時間の時間外労働に対する抑制効果
```

の意見が、また使用者代表委員から、割増賃金の引上げは長時間労働を抑制する効果が期待できないばかりか、企業規模や業種によっては企業経営に甚大な影響を及ぼすので、引上げは認められないとの意見がありました。

★具体的な割増賃金率は

　現行労基法では、1日8時間、1週40時間（特例事業場は44時間）を超える労働（時間外労働）については、一律25％以上の割増賃金を支払うことが義務づけられています（労基法37条）。

　労基法改正案にもとづく政令では、1か月の時間外労働時間数により、割増賃金率が次のように3段階に分かれる予定です。

　時間外労働が深夜（午後10時～午前5時）にわたる場合には、時間外労働の割増賃金のほかに、休日労働の割増賃金（25％以上）の支払いが必要です。

(1) 月45時間までの時間外労働については、現行と同じ25％です。
(2) 月45時間超80時間までの分については、25％を上回る割増率とするよう使用者に努力義務が課されます。罰則はありません。
(3) 月80時間を超える時間外労働については、割増率50％となります。

　ただし、この部分は、中小企業（従業員300人未満）については、改正法施行（平成20年4月1日予定）後3年間（平成23年3月末日まで）は適用を猶予されます。

　その後、中小企業の割増率をどのように取り扱うかはその時点近くになってから検討されます。

【図表85 時間外労働の割増賃金率の改正】

現行労基法	1日8時間・1週40時間を超える労働：1律25％増	
労基法改正案	① 月45時間までの時間外労働	割増率25％
	② 月45時間超80時間までの時間外労働	割増率25％上回るよう努力義務を課す
	③ 月80時間を超える時間外労働（中小企業（従業員300人まで）を除く）	割増率50％以上

Q27　長時間労働者についての割増賃金率の引上げは

Q28 金銭支払いに代わる有給休暇付与ができるのは

Answer Point

☆使用者は、1か月に80時間を超える時間外労働の割増賃金については、労使協定を結ぶことにより、金銭の支払いに代えて、有給の休日を付与することができるようになります。

★金銭支払いに代わる有給休日付与というのは

　使用者は、従業員に政令で定める時間（1か月間で80時間を予定）を超えて時間外労働をさせたときは、その超えた時間について、政令で定める率（50％を予定）以上の率で計算した割増賃金を支払わなければなりません。
　そして、使用者は、労使協定を結ぶことにより、上述の割増賃金の支払いに代えて、有休の休日を与えることもできます。
　この規定は、長時間労働を抑制するねらいから設けられています。

★労使協定というのは

　労使協定とは、使用者が、
(1)　その事業場の労働者の過半数で組織する労働組合がある場合においては、その労働組合
(2)　(1)の組合がない場合においては、労働者の過半数を代表する者（(1)と(2)をあわせて労働者の過半数代表者といいます）
と、一定の所定事項を定めたものです。

★労使協定と就業規則・労働協約との違いは

　例えば、時間外労働に関する労使協定を結べば、使用者は労働者に時間外労働をさせても、労基法違反で罰せられません（労基法36条）。このように労使協定の締結・届出は、それらを義務づけている法規定に違反したという責めや罰則を受けないという効果があります。
　しかし、労使協定は、労働協約や就業規則のように労働契約に優る法規範としての効力（労使に対する強制力）をもつものではありません。例えば、時間外労働に関する労使協定を結んでも、使用者が労働者に時間外労働を命

令し、これに従事させる強制力は生じません。

★協定の締結単位は

労使協定は、事業場ごとに結ばなくてはなりません。

「事業場」とは、労基法の適用事業として決定される単位です。数事業場を有する企業の場合は、それぞれの事業場ごとに協定を結ぶことが必要です。

★使用者側の締結当事者は

数事業場を有する企業の場合は、社長自らが各事業場ごとに結ばれる協定の当事者となることも、また、各事業場の長（支店長、工場長等）に締結させることも可能です。

★労働者の過半数で組織する労働組合というのは

「労働者」の範囲は、その事業場に雇われ、常時使用されているすべての者です。

正社員だけでなく、パートタイマー、アルバイター、日雇い（常態的に勤務している者）、自社で雇用し、他社に派遣している派遣社員も含みます。

「労働組合」とは、労働組合法2条に規定する要件を満たすものに限られます。1事業場に組合が2つある場合（例えば、職員組合と作業員組合がある場合）には、そのいずれかの組合の組合員がその事業場の労働者の過半数を占めているときは、その組合と協定すれば足ります。

また、労働者の過半数で組織する労働組合とは、必ずしもその事業場の労働者のみで組織されていることは必要でなく、例えば、数個の事業場を含む企業単位で結成された組合であっても、この組合に、その事業場の過半数の労働者が加入している限り、ここでいう「労働組合」に該当します。

★労働者の過半数を代表する者は

使用者の指名のみで選んだり、一定の役職者を自動的に選んだりしてはならず、選挙その他の方法で民主的に選出されることが必要です。この場合、必ずしも投票による方法だけでなく、挙手や回覧等の方法でもよいとされています。

なお、労基法41条の管理監督者に該当する者は、過半数代表者としての適格性がありません。実質的に使用者側の立場を代表する地位にあるからです。

Q28 金銭支払いに代わる有給休暇付与ができるのは

Q29 残業代支払不要な「管理監督者」の範囲の明確化は

Answer Point

☆現行労基法では、管理監督者には労働時間等の規定の適用が除外されますので、時間外・休日・深夜労働の割増賃金の支払義務はありません。
☆今回の労基法改正案では、管理監督者となりうるスタッフ職の範囲が明確に定められます。

★管理監督者の明確化というのは

管理監督者となり得るスタッフ職の範囲について、「ラインの管理監督者と企業内で同格以上に位置づけられている者であって、経営上の重要事項に関する企画立案等の業務を担当するものであること」という考え方により、その範囲が明確にされます。そして、管理監督者である旨を賃金台帳に明示することが定められます。

★管理監督者に該当するか否かの判断基準は

管理監督者に該当するか否かについては、図表86のような基準で総合的に判断することになっています（旧労働省通達）。

【図表86　管理監督者に該当するか否かの判断基準】

管理監督者に該当するか否かの判断基準	
①	労務管理方針の決定に参画し、あるいは労務管理上の権限を有し、経営者と一体的な立場にあること。 　例えば、人事考課を行う、部下を指揮監督して業務遂行する、時間外労働・休日労働の命令をするといったことはこれに該当します。
②	自己の仕事の遂行について自由裁量の権限をもち、出退勤について厳しい規制を受けないこと。
③	その地位にふさわしい待遇がなされていること。

企画、調査、研究部門のスタッフ職、専門職については、管理職と同等の処遇を受けている者であって、経営上重要な事項を担当する者であれば、たとえ部下がいなくても、管理監督者に該当すると考えられます。

★都市銀行等の管理監督者の具体的範囲は

都市銀行等における「管理監督者」の具体的範囲は、図表87のとおりとさ

れています（旧労働省通達）。

【図表87　都市銀行等の管理監督者の具体的範囲】

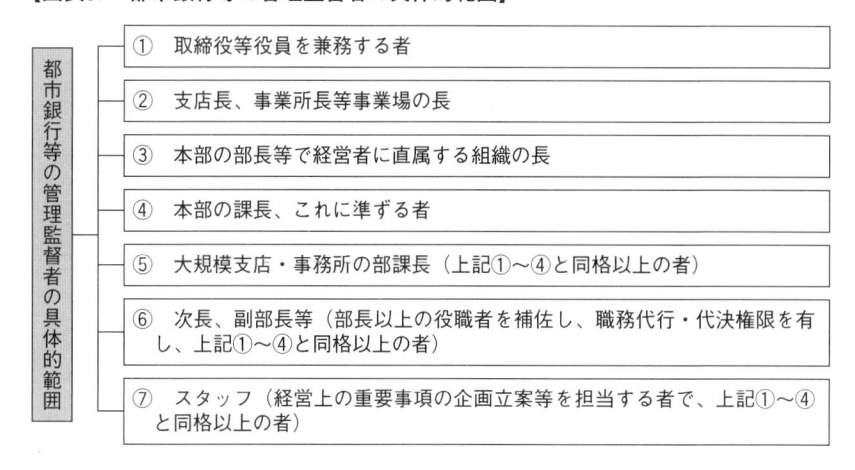

都市銀行等の管理監督者の具体的範囲
- ① 取締役等役員を兼務する者
- ② 支店長、事業所長等事業場の長
- ③ 本部の部長等で経営者に直属する組織の長
- ④ 本部の課長、これに準ずる者
- ⑤ 大規模支店・事務所の部課長（上記①〜④と同格以上の者）
- ⑥ 次長、副部長等（部長以上の役職者を補佐し、職務代行・代決権限を有し、上記①〜④と同格以上の者）
- ⑦ スタッフ（経営上の重要事項の企画立案等を担当する者で、上記①〜④と同格以上の者）

★管理監督者が適用除外される規定・実際の取扱いは

　管理監督者に対しては、労基法で定める労働時間、休憩および休日に関する規定が適用されません（労基法41条）。このため、図表88のような取扱いとなります。

【図表88　管理監督者の労働時間・休憩・休日の扱い】

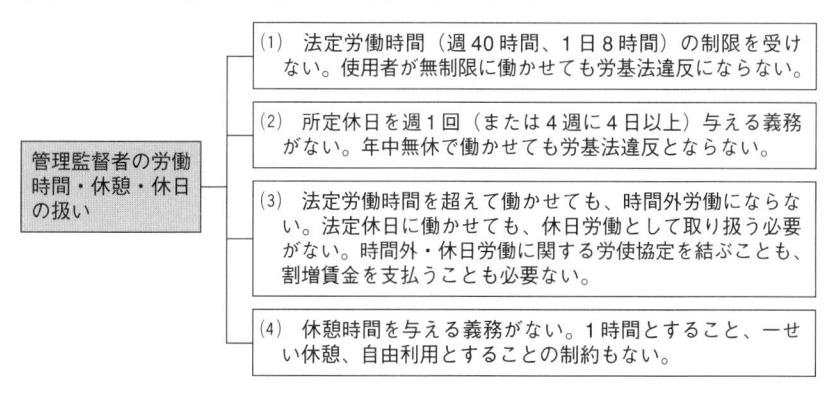

管理監督者の労働時間・休憩・休日の扱い
- (1) 法定労働時間（週40時間、1日8時間）の制限を受けない。使用者が無制限に働かせても労基法違反にならない。
- (2) 所定休日を週1回（または4週に4日以上）与える義務がない。年中無休で働かせても労基法違反とならない。
- (3) 法定労働時間を超えて働かせても、時間外労働にならない。法定休日に働かせても、休日労働として取り扱う必要がない。時間外・休日労働に関する労使協定を結ぶことも、割増賃金を支払うことも必要ない。
- (4) 休憩時間を与える義務がない。1時間とすること、一せい休憩、自由利用とすることの制約もない。

★管理監督者に適用される規定は

　管理監督者についても、深夜労働と年次有給休暇に関する規定は適用されます。したがって、これらの者に深夜労働をさせた場合には、25％以上の割増賃金を支払わなければなりません（労基法37条）。また、所定の年次有給休暇を与えなければなりません（同39条）。

Q30 年次有給休暇の時間単位での付与ができるのは

Answer Point

☆労基法改正案では、年次有給休暇のうち一定日数分については、時間単位でとることができるようにされます。

★年次有給休暇の取得要求と主な取得目的をみると

年次有給休暇の望ましい取得単位についてみると、図表91のとおり、1日単位での取得が42.0%、なるべくまとめての取得が31.7%を望む労働者の割合が高い一方で、1日未満の単位での取得を望む労働者も25.2%います。

特に、30～49歳層の女性では、半日単位や時間単位での取得を希望する割合が高くなっています。

次に、年次有給休暇の主な取得目的についてみると、図表92のとおり、休養が28.5%、次いで病気の療養・体調不良が24.2%となっています。1日単位の単独取得では、家事・育児・子供の行事21.4%などが多くなっています。

★改正の内容は

年休を1時間単位でとれる日数は、1年間に5日分までです。

時間単位でとるためには、労使協定により、図表89の2つのことをあらかじめ決めておくことが必要です。

【図表89 時間単位でとるための要件】

時間単位でとるための要件	① その事業場における上限日数
	② 対象労働者の範囲

★年休の1時間単位付与についての労使協定例は

労使協定例は、図表90のとおりです。

【図表90 年次有給休暇の時間単位付与に関する労使協定（例）】

年次有給休暇の1時間単位付与に関する労使協定

○○株式会社（以下「会社」と略す。）と同社従業員の過半数を代表する者○○○○とは、標記について次のように協定する。
1 会社は、各従業員が、各年ごとに取得できる年次有給休暇日数のうち5日分を限度として1時間単位で取得することを認める。
2 標記制度の対象とする従業員は、当社における継続勤務期間が6か月以上の者とする。

平成○○年○○月○○日

○○株式会社
代表取締役○○○○㊞
同社従業員過半数
代表者○○○○㊞

【図表91　年次有給休暇の望ましい取得方法】

年次有給休暇の望ましい取得方法

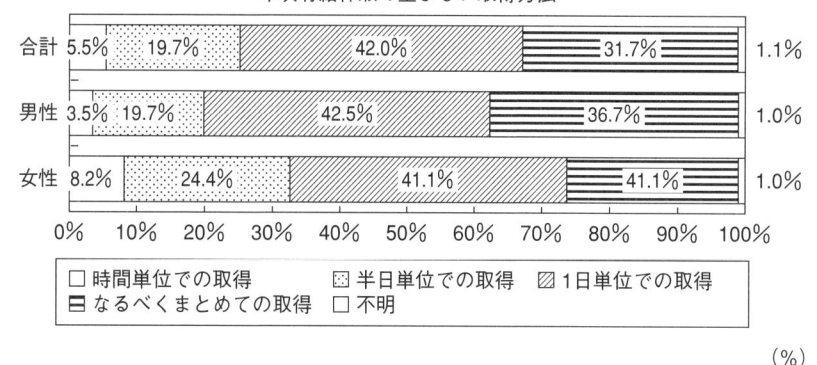

	時間単位での取得	半日単位での取得	1日単位での取得	なるべくまとめての取得	不明
合計	5.5%	19.7%	42.0%	31.7%	1.1%
男性	3.5%	19.7%	42.5%	36.7%	1.0%
女性	8.2%	24.4%	41.1%	41.1%	1.0%

(%)

		全体	時間単位での取得	半日単位での取得	1日単位での取得	なるべくまとめての取得	不明
男性	24歳未満	100.0	3.9	14.2	52.0	28.3	1.6
	25～29歳	100.0	3.1	19.0	41.4	35.6	0.8
	30～34歳	100.0	4.3	15.5	45.5	34.3	0.5
	35～39歳	100.0	6.2	19.7	41.9	31.5	0.7
	40～44歳	100.0	3.2	18.6	36.0	41.4	0.9
	45～49歳	100.0	1.4	16.6	39.9	41.0	1.1
	50～54歳	100.0	2.9	10.7	43.7	41.7	1.0
	55～59歳	100.0	2.5	14.0	46.5	35.0	2.1
	60歳以上	100.0	2.9	17.1	62.9	17.1	0.0
女性	24歳未満	100.0	5.8	21.3	48.4	24.0	0.5
	25～29歳	100.0	6.1	22.8	43.3	27.4	0.5
	30～34歳	100.0	12.6	24.5	40.3	21.3	1.3
	35～39歳	100.0	10.1	25.6	36.7	26.1	1.5
	40～44歳	100.0	10.6	22.6	40.2	24.6	2.0
	45～49歳	100.0	11.7	32.2	33.2	22.0	1.0
	50～54歳	100.0	7.4	26.9	33.7	30.9	1.1
	55～59歳	100.0	2.4	26.2	41.7	28.6	1.2
	60歳以上	100.0	25.0	25.0	25.0	25.0	0.0

(資料出所：三和総合研究所「長期休暇制度に関する調査研究（平成12年）」)

Q30　年次有給休暇の時間単位での付与ができるのは

【図表92　年次有給休暇の主な取得目的】

(%)

	合計	病気の療養・体調不良	休養	家事・育児・子供の行事	介護や看護	テレビ・映画鑑賞	仕事に関する自己啓発	スポーツや趣味・稽古事	(ショッピングや外食などの)外出
合計	100.0	24.2	28.5	11.4	1.9	0.8	1.1	8.6	7.3
年休1日単位の単独取得	100.0	50.9	36.3	21.4	3.2	1.4	1.8	11.1	9.6
年休1日と他の休日との組合せによる取得	100.0	12.3	30.2	11.5	2.4	0.4	0.4	11.9	9.9
年休2〜4日の連続取得	100.0	11.5	18.2	2.5	0.5	1.0	0.5	4.5	4.0
年休5日以上の連続取得	100.0	4.9	22.5	1.0	0.0	0.0	2.0	2.0	1.0

	日帰りの行楽	帰省	冠婚葬祭	国内宿泊旅行	海外旅行	社会活動	アルバイト・サイドビジネス	その他	無回答
合計	10.7	10.3	5.9	23.0	8.5	1.0	0.0	3.8	4.1
年休1日単位の単独取得	11.4	1.1	8.5	3.2	0.4	2.1	0.0	4.3	1.4
年休1日と他の休日との組合せによる取得	16.3	13.9	4.8	35.7	3.2	0.8	0.0	2.4	2.0
年休2〜4日の連続取得	6.6	16.2	5.6	34.8	15.2	0.0	0.0	3.5	6.6
年休5日以上の連続取得	2.9	15.7	2.0	23.5	31.4	0.0	0.0	8.9	11.8

(資料出所：連合総研「年次有給休暇の計画的付与等の実態に関する調査研究報告書(平成15年)」)

★年休の半日単位の付与は

　使用者の判断で、従業員に年休を半日単位で与え、0.5日分として計算することは、現在すでに、厚生労働省通達で認められています。
　逆に、使用者の判断で、半日単位で与えることを認めなくとも労基法違反とはなりません。

③ みなし労働時間制（労基法改正案）の改正ポイント

　労基法改正案の中で、企画業務型裁量労働制について、①中小企業に対する対象業務範囲の要件の緩和、②労基署長への定期報告の廃止等の改正が行われます。
　③では、現行制度を説明したうえで、これらの改正点について解説しています。

Q31 現行のみなし労働時間制の概要は

Answer Point

☆みなし労働時間制というのは、①一定の業務に従事する労働者の実労働時間について、②使用者が独自に、または労使協定を結んで、③簡単に算定できるようにする制度です。

☆みなし労働時間制が適用されるのは、次の3業務です（労基法38条の2～38条の4）。
① 事業場外労働
② 企画業務型裁量労働
③ 専門業務型裁量労働

★みなし労働時間制というのは

上記の3業務の中には、

(1) 外交セールスなど、事業場の外で労働するために使用者の具体的な指揮監督が及ばず、労働時間の算定が困難な業務（事業場外業務型）
(2) 企業の企画部門（企画業務型）
(3) 専門職・研究職（専門業務型）

といった、業務の性質上その業務の具体的遂行については労働者の裁量に委ねる必要があるため使用者の具体的な指揮監督になじまず、通常の方法による労働時間の算定が適切でない業務があります。

「みなし労働時間制」とは、労基法にもとづき、(1)～(3)の業務に従事する実労働時間について、使用者が独自に、または労使が協定を結んで、簡単に算定できるようにする制度です。具体的には、例えば、実労働時間が日によって8時間30分や9時間30分であっても、平均して9時間かかるのであれば1日9時間労働であるとみなして算定をすることができるものです。

★みなし労働時間制の対象となる具体的業務内容は

3つの制度それぞれの対象業務は、図表93のとおりです。

★みなし労働時間制の留意点は

労基法のみなし労働時間制の規定によって労働時間を算定する場合であっ

③ みなし労働時間制（労基法改正案）の改正ポイント

【図表93　みなし労働時間制の対象となる具体的業務内容】

❶事業場外労働のみなし制	❷企画業務型裁量労働制	❸専門業務型裁量労働制
事業場の外で働くため、使用者が実労働時間を把握できない業務（営業、出張ほか）	①各事業場の中枢部門で、②企画・立案、調査、分析を組み合わせて行う業務	業務の性質上、仕事の進め方を労働者の裁量に委ねる必要があり、通常の労働時間の算定になじまない次の業務。 ①　新商品・新技術の研究開発、人文科学・自然科学に関する研究、 ②　情報処理システムの分析・設計、 ③　記事の取材、編集、 ④　デザイナー、インテリアコーディネーター、プロデューサー、ディレクター、コピーライター、 ⑤　公認会計士、弁護士、弁理士、税理士、中小企業診断士、 ⑥　1・2級建築士、不動産鑑定士、木造建築士、 ⑦　情報処理システムコンサルタント等、ゲーム用ソフト創作、証券アナリスト等、金融商品開発

ても、これ以外の労働時間、休日、休憩時間、深夜業等に関する規定はそのまま適用されます。

　したがって、図表94の点などに留意することが必要です。

【図表94　みなし労働時間制の留意点】

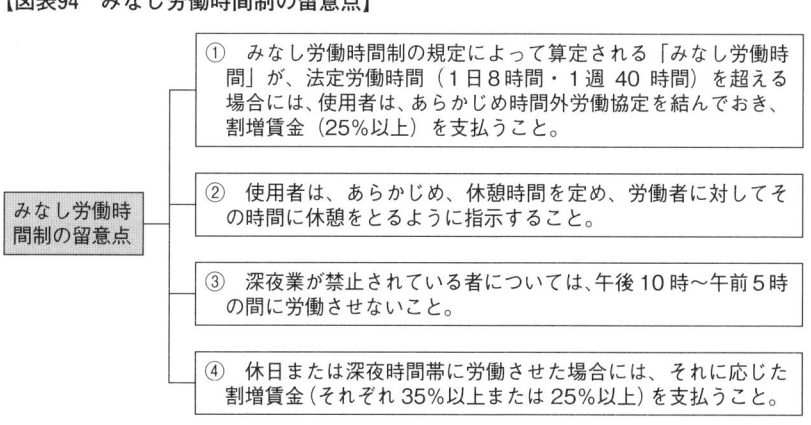

みなし労働時間制の留意点
①　みなし労働時間制の規定によって算定される「みなし労働時間」が、法定労働時間（1日8時間・1週40時間）を超える場合には、使用者は、あらかじめ時間外労働協定を結んでおき、割増賃金（25％以上）を支払うこと。

②　使用者は、あらかじめ、休憩時間を定め、労働者に対してその時間に休憩をとるように指示すること。

③　深夜業が禁止されている者については、午後10時〜午前5時の間に労働させないこと。

④　休日または深夜時間帯に労働させた場合には、それに応じた割増賃金（それぞれ35％以上または25％以上）を支払うこと。

Q31　現行のみなし労働時間制の概要は

Q32 企画業務型裁量労働制度ってどういう制度のこと

Answer Point

☆この制度は、①事業の企画・立案・調査・分析を組み合わせて行う業務であって、②使用者が仕事の進め方・時間配分に具体的な指示をしないこととする業務に従事する労働者について、③みなし労働時間を認める制度です（労基法38条の4）。

★企画業務型裁量労働制のねらいは

経済社会の構造変化や労働者の就業意識の変化等が進む中で、活力ある経済社会を実現していくために、事業活動の中枢にある労働者が創造的な能力を十分に発揮しうる環境づくりが必要となっています。

労働者の側にも、自らの知識、技術や創造的な能力を活かし、仕事の進め方や時間配分に関し主体性を持って働きたいという意識が高まっています。

そこで、①事業の企画・立案・調査・分析の業務であって、②使用者が仕事の進め方・時間配分に具体的指示をしないこととする業務に従事する労働者について、③「みなし労働時間制」を認めることにしたものです。

★対象業務の範囲は

この制度の対象となるのは、88頁の図表97の4要件を満たしている業務に従事する労働者です。

★「みなし労働時間」を認める要件は

図表95の①～③の要件が満たされる場合、企画業務型裁量労働制が適用され、「みなし労働時間」が認められます。

★制度導入の効果は

使用者は、対象業務に対象労働者を就かせたときは、あらかじめ決められた時間（みなし労働時間）の労働をしたものとみなすことができます。

なお、使用者は、労使委員会で決議が行われた日から起算して6か月以内に1回所定様式により労基署へ定期報告を行うことが必要です。

★ 企画業務型裁量労働制適用後の評価についてみると

企画業務型裁量労働制適用後の評価についてみると、図表96のとおりです。

③ みなし労働時間制（労基法改正案）の改正ポイント

【図表95　みなし労働時間を認める要件】

要　　件	説　　　　明
①労使委員会を設ける	労使委員会は、賃金、労働時間その他の、その事業場における労働条件に関する事項について調査審議し、意見を述べることを目的とするものです。使用者の指名する委員とその事業場の労働者を代表する委員半々で構成します。
②委員会に出席した委員の5分の4以上の合意により、右欄の8項目に関する決議をし、使用者がその決議を労基署長に届け出る	(イ)　対象となる業務の具体的な範囲 (ロ)　対象労働者の具体的な範囲 (ハ)　労働時間として算定される1日あたりの時間数(みなし労働時間) (ニ)　使用者の講ずる労働者の健康・福祉を確保するための措置の具体的な内容 (ホ)　使用者の講ずる労働者からの苦情処理に関する措置の具体的な内容 (ヘ)　本制度の適用について、対象労働者本人の同意を得なければならないこと、及び不同意を理由としてその労働者に解雇その他不利益取扱いをしてはならないこと (ト)　決議の有効期間（3年以内とすることが望ましい） (チ)　この制度の実施状況の記録の保存（決議の有効期間中及びその終了後3年）、労働者に周知
③労使委員会の議事録を作成、保存し、労働者に周知する	

【図表96　企画業務型裁量労働制適用後の対象労働者の評価】

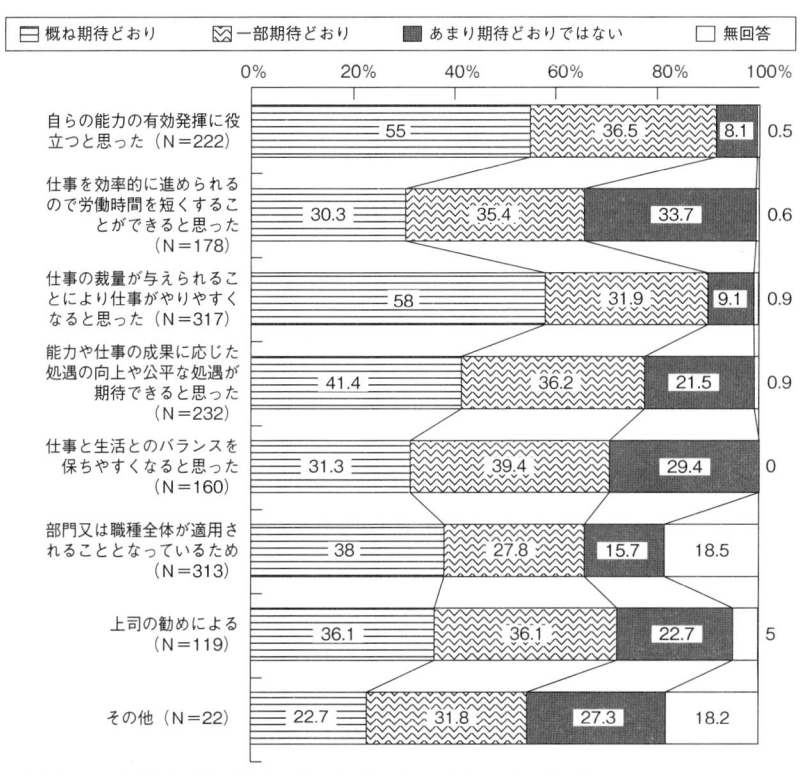

項目	概ね期待どおり	一部期待どおり	あまり期待どおりではない	無回答
自らの能力の有効発揮に役立つと思った（N=222）	55	36.5	8.1	0.5
仕事を効率的に進められるので労働時間を短くすることができると思った（N=178）	30.3	35.4	33.7	0.6
仕事の裁量が与えられることにより仕事がやりやすくなると思った（N=317）	58	31.9	9.1	0.9
能力や仕事の成果に応じた処遇の向上や公平な処遇が期待できると思った（N=232）	41.4	36.2	21.5	0.9
仕事と生活とのバランスを保ちやすくなると思った（N=160）	31.3	39.4	29.4	0
部門又は職種全体が適用されることとなっているため（N=313）	38	27.8	15.7	18.5
上司の勧めによる（N=119）	36.1	36.1	22.7	5
その他（N=22）	22.7	31.8	27.3	18.2

（資料出所：厚生労働省「裁量労働制の施行状況等に関する調査（平成17年)」）

Q33 企画業務型裁量労働制の対象業務の具体的範囲は

Answer Point

☆企画業務であることなど4つの要件をすべて満たす業務が対象業務です。
  ① 業務がその事業場の事業運営に関するものであること
  ② 企画・立案・調査・分析を組み合わせて行う業務であること
☆対象業務に該当するのは、企画部や調査部の業務の一部です。

★企画業務型裁量労働制の対象業務の具体的範囲は

図表97の4つをすべて満たす業務が対象業務に該当します。

【図表97　企画業務型裁量労働制の対象業務の4要件を満たしている業務】

企画業務型裁量労働制の対象業務の4要件を満たしている業務
① 業務が所属する事業場の事業の運営に関するものであること。 　例えば、対象事業場の属する企業等に係る事業の運営に影響を及ぼすもの、事業場独自の事業戦略に関するものなどが該当します。
② 企画・立案・調査・分析という相互に関連し合う作業を組み合わせて行う業務であること。 　したがって、「企画部」や「調査部」に属する労働者の業務すべてが対象となるわけではありません。
③ 業務遂行方法を大幅に労働者の裁量に委ねる必要があること、「業務の性質に照らして客観的に判断される」業務であること。
④ 業務を、いつ、どのように行うかにつき、広範な裁量が労働者に認められるもの。 　したがって、日常的に使用者の具体的な指示のもとで行われる業務は対象になりません。

★対象業務となり得る業務の例は

対象業務となり得る業務の例をあげると、図表98のとおりです。

★対象業務となり得ない業務の例は

対象業務となり得ない業務の例は、図表99のとおりです。

【図表98　対象業務となり得る業務の例】

対象業務となり得る業務の例

① 経営企画を担当する部署における業務のうち、経営状態・経営環境等について調査及び分析を行い、経営に関する計画を策定する業務

② 経営企画を担当する部署における業務のうち、現行の社内組織の問題点やそのあり方について調査及び分析を行い、新たな社内組織を編成する業務

③ 人事・労務を担当する部署における業務のうち、現行の人事制度の問題点やそのあり方等について調査及び分析を行い、新たな人事制度を策定する業務

④ 人事・労務を担当する部署における業務のうち、業務の内容やその遂行のために必要とされる能力等について調査及び分析を行い、社員の教育・研修計画を策定する業務

⑤ 財務・経理を担当する部署における業務のうち、財務状態について調査及び分析を行い、財務に関する計画を策定する業務

⑥ 広報を担当する部署における業務のうち、効果的な広報手法等について調査及び分析を行い、広報を企画・立案する業務

⑦ 営業に関する企画を担当する部署における業務のうち、営業成績や営業活動上の問題点等について調査及び分析を行い、企業全体の営業方針や取り扱う商品ごとの全体的な営業に関する計画を策定する業務

⑧ 生産に関する企画を担当する部署における業務のうち、生産効率や原材料等に係る市場の動向等について調査及び分析を行い、原材料等の調達計画も含め全社的な生産計画を策定する業務

【図表99　対象業務となり得ない業務の例】

対象業務となり得ない業務の例

① 計画に関する会議の庶務等の業務

② 人事記録の作成及び保管、給与の計算及び支払い、各種保険の加入及び脱退、採用・研修の実施等の業務

③ 金銭の出納、財務諸表・会計帳簿の作成及び保管、租税の申告及び納付、予算・決算に係る計算等の業務

④ 広報誌の原稿の校正等の業務

⑤ 個別の営業活動の業務

⑥ 個別の製造等の作業、物品の買付等の業務

Q33　企画業務型裁量労働制の対象業務の具体的範囲は

Q34 企画業務型裁量労働制の改正点は

Answer Point

☆次の3点について改正が行われます。
① 中小企業の対象労働者の範囲の緩和
② 労基署長への定期報告の廃止
③ 苦情があった場合の制度全体の見直し

★中小企業の対象労働者の範囲の緩和というのは

　中小企業では、企画立案を担当しながら製造管理や営業等を兼務する社員も多くいます。しかし、現行制度では、このような場合には、裁量労働制は適用されません。

　このため労基法改正案では、中小企業については、労使委員会が決議した場合には、現行において制度の対象業務とされている「事業の運営に関する事項についての企画、立案、調査及び分析の業務」に主として従事する労働者について、その業務以外も含めた全体についてみなし時間を定めることにより、企画業務型裁量労働制を適用することができることとされます。

　厚生労働省では、対象の拡大範囲や制度の細目については指針で定めることとしています。

★定期報告の廃止というのは

　現在、企画業務型裁量労働制を実施する事業場に対しては、6か月ごとに制度の実施状況について労基署長に定期報告を提出することが義務づけられています。

　事業場において記録保存されていることにより、労基署により実効的な監督指導が実施できることから、定期報告が廃止されます。

★苦情があった場合の制度全体の見直しというのは

　厚生労働大臣指針の改正により、企画業務型裁量労働制を実施している事業場で、対象労働者から健康確保や業務量等についての苦情があった場合には、その事業場の労使委員会で制度全体の必要な見直しが検討されます。

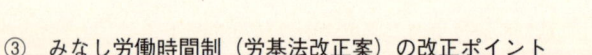

Q35 事業場外労働のみなし労働時間制の概要・改正点は

Answer Point

☆事業場外労働のみなし労働時間制は、事業場の外で働くため、使用者が実労働時間を把握できない業務について、一定時間働いたとみなすことができる制度です。

☆この制度の改正については、労働政策審議会労働条件分科会の報告で「制度の運用実態を踏まえ、必要な場合には適切な措置を講ずることとすること」と記述されています。今後、政省令、指針、運用により具体的内容が明らかになると思われます。

★労働時間の取扱いは

事業場外労働のみなし労働時間制の対象業務については、労働時間は図表100のように取り扱われます。

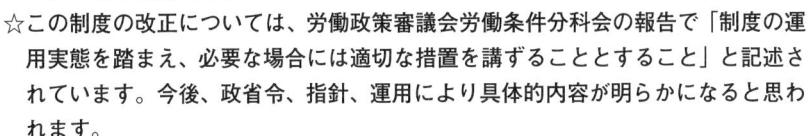

【図表100　実労働時間の取扱方法】

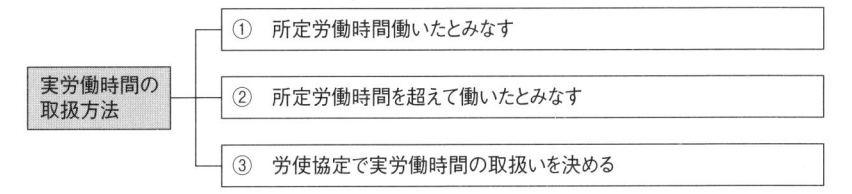

実労働時間の取扱方法
- ① 所定労働時間働いたとみなす
- ② 所定労働時間を超えて働いたとみなす
- ③ 労使協定で実労働時間の取扱いを決める

★事業場外労働というのは

みなし労働時間制の適用される「事業場外労働」とは、事業場の外で働くため、使用者が実労働時間を把握できない業務のことです。例えば、営業、出張業務等が該当します。

ただし、図表101のような場合は、事業場外で働いていても実労働時間が把握で

【図表101　みなし労働時間制が適用されない場合】

みなし労働時間制が適用されない場合
- ① 何人かのグループで働いており、その中に労働時間の管理をする者がいる場合
- ② ポケットベル、携帯電話等により随時使用者の指示を受けながら働く場合
- ③ 事業場で訪問先、帰社時刻等指示を受けた後、事業場外で指示どおり働き、その後事業場に戻る場合

Q34　企画業務型裁量労働制の改正点は
Q35　事業場外労働のみなし労働時間制の概要・改正点は

きますので、みなし労働時間制は適用されず、実労働時間どおり取り扱われます。

★「所定労働時間の労働とみなす」というのは
　労働時間の全部または一部について事業場外で業務に従事した場合において労働時間を算定し難いときは、所定労働時間で労働したものとみなされます。
　例えば、1日中取材で外出し、会社にまったく出勤しなかった場合であっても、就業規則で勤務は午前8時から午後5時まで、休憩1時間と定めている場合には、その日の実労働時間は8時間であったとみなすわけです。

★「所定労働時間を超えて働いたとみなす」というのは
　その業務を遂行するためには、通常、所定労働時間を超えて労働することが必要となる場合には、使用者は、その業務の遂行に通常必要な時間労働したものとみなすことになります。

★「労使協定で実労働時間の取扱いを決める」というのは
　その業務を担当している労働者が常態的に時間外労働をしている場合は、上記のように使用者が独自に判断して労働時間を算定するほかに、図表102の②のように労使協定を結び、その中で労働時間を決めることもできます。
　例えば、ある事業場において、セールスの業務について労使協定で通常9時間労働することを要すると定めた場合には、そのセールスに従事している労働者は、9時間労働したとみなして取り扱うことになります。

★労使協定による実労働時間の決め方は
　労使協定で実労働時間を決める場合には、例えば図表102のように、実態にあった形で決めます。

【図表102　労使協定による実労働時間の決め方例】

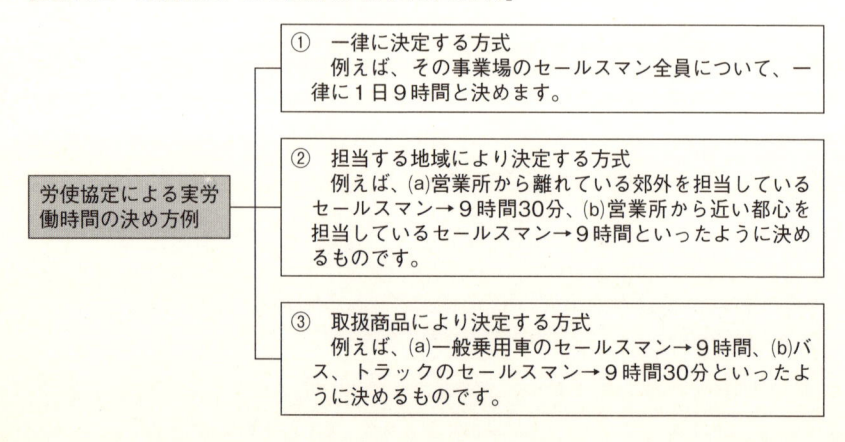

労使協定による実労働時間の決め方例	
	①　一律に決定する方式 　　例えば、その事業場のセールスマン全員について、一律に1日9時間と決めます。
	②　担当する地域により決定する方式 　　例えば、(a)営業所から離れている郊外を担当しているセールスマン→9時間30分、(b)営業所から近い都心を担当しているセールスマン→9時間といったように決めるものです。
	③　取扱商品により決定する方式 　　例えば、(a)一般乗用車のセールスマン→9時間、(b)バス、トラックのセールスマン→9時間30分といったように決めるものです。

③　みなし労働時間制（労基法改正案）の改正ポイント

4 話題の「ホワイトカラー・エグゼンプション制度」のポイント

　ホワイトカラー・エグゼンプション制度は、現在会期中の通常国会に提出される労基法改正案には盛り込まれない予定です。
　しかし、国内で議論を呼び、今後も議論の対象になると思われますので、そのポイントについて解説します。

Q36 ホワイトカラー社員の労働時間規制の適用除外制度ってなに

Answer Point

☆この制度は、①年収など一定の要件を満たすホワイトカラー社員について、②個々の働き方に応じた休日の確保と健康・福祉確保措置を実施しながら、③労基法の労働時間に関する一律的な規制の適用を除外することを認める制度です。

★ホワイトカラー社員の労働時間規制の適用除外制度のねらいは

ホワイトカラー社員の労働時間規制の適用除外制度は、日本型ホワイトカラー・エグゼンプションともいわれています。アメリカの制度に類似したものです。

この制度は、一定の年収を超すホワイトカラー社員について、労基法の労働時間規制を適用除外するものです。この制度では、実労働時間の長短ではなく、仕事の成果で賃金を決めるのが基本的な考え方です。

★対象労働者の要件は

ホワイトカラー社員の適用除外制度の対象労働者は、図表103のとおりです。

【図表103　新制度の対象者の要件】

新制度の対象者の要件
- ① 労働時間では成果を適切に評価できない業務に従事する者
- ② 業務上の重要な権限・責任を相当程度伴う地位にある者
- ③ 業務遂行の手段・時間配分の決定等について使用者が具体的な指示をしないこととする者
- ④ 年収が相当程度高い者

★対象労働者の範囲は

対象労働者としては、管理職の一歩手前に位置する、裁量権を持つ知的労働者などが想定されています。

対象労働者を限定する理由は、ある程度の年収があり、働く時間を自分で決められる裁量権を持つ労働者でないと、上司に仕事を押しつけられ、過労

になる恐れが高まるとみられるからです。

★対象労働者の年収基準は
　年収基準について、厚生労働省では、①対象者としては、管理監督者の一歩手前に位置する者が想定されることから、年収要件もそれにふさわしいものとすることとし、②管理監督者一般の平均的な年収水準を勘案しつつ、かつ、③社会的にみて労働者の保護に欠けるものとならないよう、適切な水準の金額を定めるとしています。
　厚生労働省としては、年収900万円以上の者を想定しているといわれています。
　他方、経済界では年収400万円などと低い水準を主張しています。

★対象者は
　この制度の対象者は「企画、立案、研究、調査、分析」の業務に従事する者のみです。
　厚生労働省では、新制度の対象者は20万人ですが、新制度の導入には労使の合意も条件としていますので、実際に適用されるのは２万人程度であるとみています。

★労働時間の規制・時間外労働の割増賃金はどうなる
　新制度の対象となる社員は、労基法の労働時間の規制がいっさいなくなりますので、自分の裁量で毎日働く時間を自由に決められるようになります。同時に残業という概念もなくなります。
　例えば、徹夜労働をした翌日は、１時間だけ出社したのち帰宅することもできます。その代わりに、時間外・休日労働、深夜業の割増賃金は、いっさい支払われなくなります。

★制度実施後の実際の年収は
　基本的な考え方としては、残業代を含む現在の年収がそのまま適用除外制度実施後の年収となるため、原則的には、賃金総額は変わらないともいわれています。
　ただし、労働政策審議会（労働条件分料会）の労働者側委員は、序々に年収額が引き下げられるケースが多くなると指摘しています。

★労働時間管理を受けない働き方に対する希望についてみると
　裁量労働制を導入している事業場及び未導入企業の人事担当部署について

は、労働時間規制を受けない働き方の導入を望む回答がそれぞれ43.9%、30.0%となっています（複数回答）。

【図表104 裁量労働制導入事業場】

- 労働時間規制を受けない働き方の導入: 43.9
- 現行のままでよい: 39.1
- 裁量労働制の拡大: 38.7
- 変形労働時間制の拡大: 7.0
- フレックスタイム制の拡大: 3.3
- その他: 4.0
- 無回答: 1.8

N=820

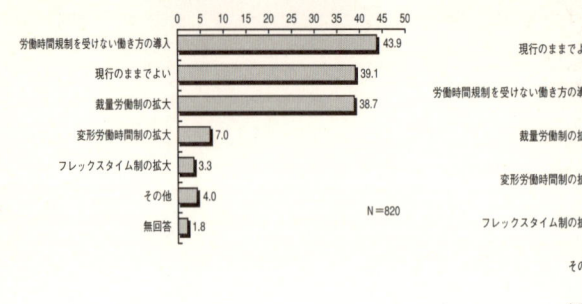

【図表105 裁量労働制未導入企業】

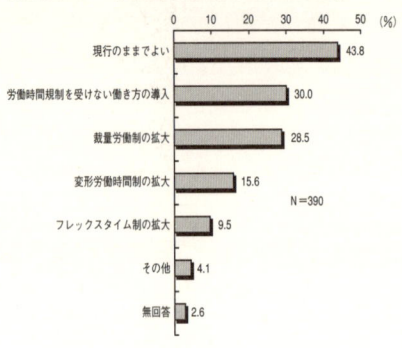

- 現行のままでよい: 43.8
- 労働時間規制を受けない働き方の導入: 30.0
- 裁量労働制の拡大: 28.5
- 変形労働時間制の拡大: 15.6
- フレックスタイム制の拡大: 9.5
- その他: 4.1
- 無回答: 2.6

N=390

（資料出所：厚生労働省「裁量労働制の施行状況等に関する調査」（平成17年）
注　調査の回答時点は、2005年3月末日現在。）

また、裁量労働制を導入している事業場の労働者については、労働期間規制を受けない働き方の導入を望む回答が企画業務型裁量労働制適用労働者で特に多く、24.9%となっています（複数回答）。

【図表106 裁量労働制導入事業場の労働者】

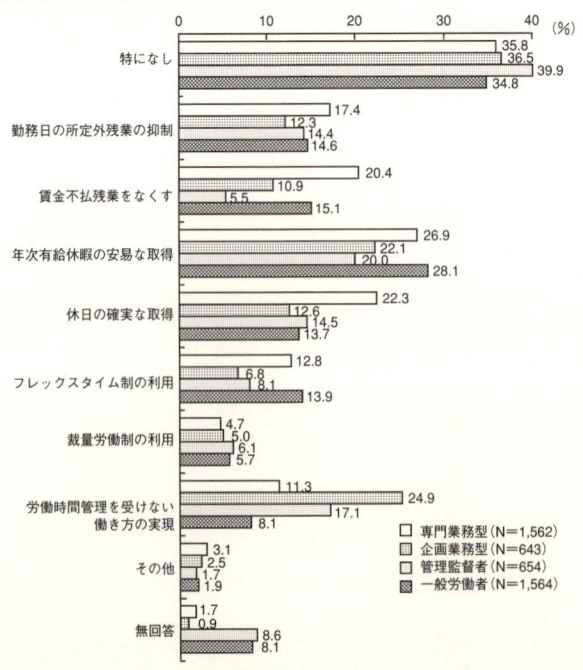

項目	専門業務型(N=1,562)	企画業務型(N=643)	管理監督者(N=654)	一般労働者(N=1,564)
特になし	35.8	36.5	39.9	34.8
勤務日の所定外残業の抑制	17.4	12.3	14.4	14.6
賃金不払残業をなくす	20.4	10.9	5.5	15.1
年次有給休暇の安易な取得	26.9	22.1	20.0	28.1
休日の確実な取得	22.3	12.6	14.5	13.7
フレックスタイム制の利用	12.8	6.8	8.1	13.9
裁量労働制の利用	4.7	5.0	6.1	5.7
労働時間管理を受けない働き方の実現	11.3	24.9	17.1	8.1
その他	3.1	2.5	1.7	1.9
無回答	1.7	0.9	8.6	8.1

（資料出所：厚生労働省「裁量労働制の施行状況等に関する調査」（平成17年）
注　調査の回答時点は、2005年3月末日現在。）

Q37 ホワイトカラー社員の適用除外制度の実施要件は

Answer Point

☆制度の導入要件として義務づけられているのは、①その事業場に労使委員会を設置し、②その委員会で一定の事項を決議し、③労基署長に届け出ることです。

★労使委員会というのは

　ホワイトカラー社員の適用除外制度を導入する際は、対象となる事業場において労使委員会を設置し、委員会の委員の5分の4以上の多数による決議で、必要な事項を決議する必要があります。

　労使委員会とは、賃金、労働時間その他の労働条件に関する事項を調査審議し、事業主に対して意見を述べる委員会です。

　使用者及びその事業場の労働者を代表する者が構成員になっています。

★労使委員会の決議事項は

　労使委員会は、図表107の事項について決議しなければなりません。

【図表107　労使委員会の決議事項】

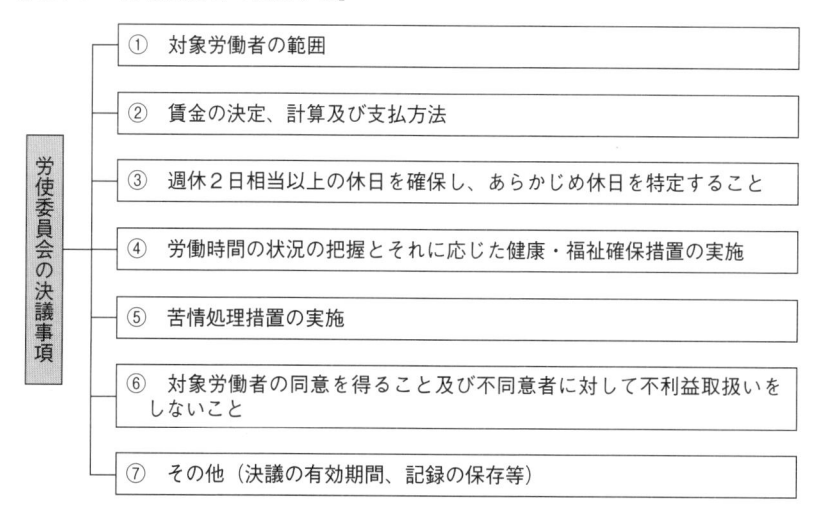

労使委員会の決議事項
- ①　対象労働者の範囲
- ②　賃金の決定、計算及び支払方法
- ③　週休2日相当以上の休日を確保し、あらかじめ休日を特定すること
- ④　労働時間の状況の把握とそれに応じた健康・福祉確保措置の実施
- ⑤　苦情処理措置の実施
- ⑥　対象労働者の同意を得ること及び不同意者に対して不利益取扱いをしないこと
- ⑦　その他（決議の有効期間、記録の保存等）

Q38 労使委員会の設置のしかたは

Answer Point

☆会社は、労使委員会を設置するときは、①労働組合がある場合はそのリーダー、②労働組合がない場合は従業員のリーダー的存在の人と、③労使委員会の設置のスケジュール、手順等について十分話し合わなければなりません。

★労使委員会の設置の手順は

STEP 1 設置にあたって必要な事項について、まず、労使で話し合う。

労使委員会を設置するにあたり、対象事業場の使用者及び労働組合または労働者の過半数を代表する者は、労使委員会の設置に係る日程、手順、使用者による一定の便宜の供与がなされる場合にあってはそのあり方等について十分に話し合い、定めておくことが望ましいとされています。

STEP 2 労使各側を代表する委員を選ぶ。

労使委員会は、労働者を代表する委員と使用者を代表する委員で構成されます。人数については、特に規定はありませんが、労働者側委員は、委員会の委員全数のうち、半数を占めていなければなりません。ただし、労使各1名か2名からなるものは「労使委員会」として認められません。

使用者代表委員は、使用者側の指名により選出されます。労働者委員は、対象事業場の過半数労働組合または過半数労働組合がない事業場では過半数代表者から、任期を定めて指名を受けなければなりません。

★指名というのは

過半数労働組合が存在しない事業場では、まず、労使委員会の委員を指名する際には、時間外・休日労働に関する労使協定の過半数代表者等の選出方法と同様に、投票、選挙等の方法により選出をすることになります。

過半数労働組合、過半数代表者は、管理監督者以外の者の中から労働者を代表する委員の任期を定めて指名します。

★過半数労働組合がない事業場での労使委員会設置のモデル手順は

以上の STEP 1と2の手順を適正に行うことができるよう、主に過半数

労働組合がない事業場を念頭に「モデル手順」を示します。
(1) 労使委員会の設置に向けての事情相談への対処
　事業場の労働者の過半数で組織する労働組合が存在しない事業場において、ホワイトカラーの適用除外制度の導入に際し、労使委員会の設置について、使用者の申入れを受け、または使用者に対し申入れを行う場合には、労働者は、必要に応じ、過半数代表者を選任し、対処します。
　過半数代表者を選任する場合には、労基則6条2の規定に従うことが望ましいです。
　過半数代表者または過半数労働組合に該当しない労働組合の代表者は、使用者と、労使委員会の設置の時期の目標、設置に至る日程、労使委員会の委員数等を話し合います。
(2) 指名
　(1)で過半数代表者が労基則6条の2の規定に従い選出されていない場合には、同条の規定に従い、労使委員会の委員の指名を行う過半数代表者を選出します。
　過半数代表者は、(1)の事前相談の結果に従い、所定の人数の労働者代表委員候補者を、労基則24条の2の4・1項に従い、管理監督者である者以外の者の中から任期を定めて指名します。
　なお、この場合、指名されることについて、その指名される者の事前の同意を得ます。

★ホワイトカラー社員の適用除外制度の導入手順は

　ホワイトカラー社員の適用除外制度を導入する場合の手順は、図表108のとおりです。

【図表108　ホワイトカラー社員の適用除外制度の導入手順】

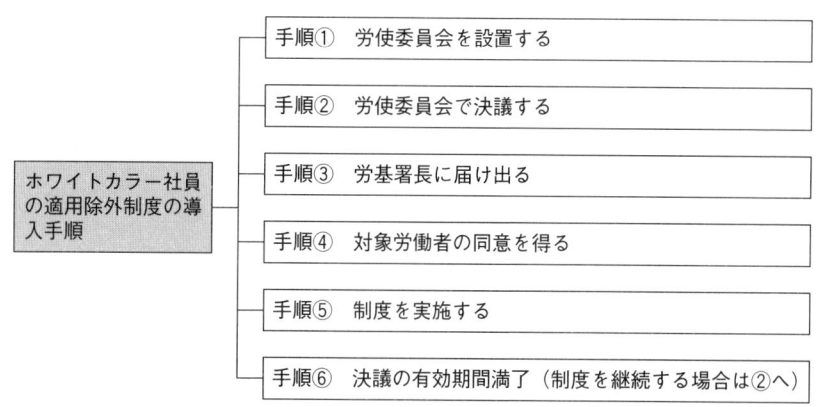

ホワイトカラー社員の適用除外制度の導入手順
- 手順①　労使委員会を設置する
- 手順②　労使委員会で決議する
- 手順③　労基署長に届け出る
- 手順④　対象労働者の同意を得る
- 手順⑤　制度を実施する
- 手順⑥　決議の有効期間満了（制度を継続する場合は②へ）

Q39 制度対象労働者の健康管理など適正実施の措置は

Answer Point

☆ホワイトカラー社員の適用除外制度の対象労働者については、週休2日分（年間104日）相当の休日の付与、健康相談の実施等の履行確保の措置を行うことが義務づけられます。

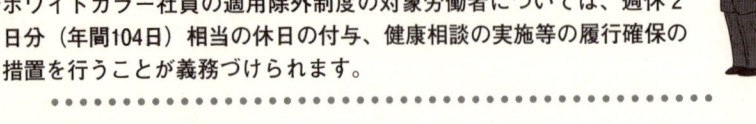

★対象労働者の取扱いは

ホワイトカラー社員の労働時間規制の適用除外制度の対象労働者になると、労基法の①労働時間、②休憩時間、③時間外・休日労働、④時間外・休日・深夜の割増賃金に関する規定は適用されなくなります。

したがって、使用者が、対象労働者について、図表109のような取扱いをしたとしても労基法違反になりません。

【図表109　対象労働者の扱い】

対象労働者の扱い	
①	使用者は、対象労働者を無制限に働かせる。
②	休憩時間をいっさい与えない。
③	時間外・休日・深夜に働いたからといって1円も賃金は増えない。

★履行確保の措置というのは

この制度が適切に実施されるようにするため、使用者は、図表110の措置を講じなければなりません。

【図表110　制度履行確保の措置】

制度履行確保の措置	
①	対象労働者に対して、4週4日以上かつ1年間を通じて週休2日分の日数（104日）以上の休日を確実に確保しなければならないこととし、確保しなかった場合には罰則を付す。
②	対象労働者の適正労働条件の確保を図るため、厚生労働大臣が指針を定める。
③	②の指針において、使用者は対象労働者と業務内容や業務の進め方等について話し合う。
④	労基署長は、制度の適正な運営を確保するために必要があると認めるときは、使用者に対して改善命令を出すことができることとし、改善命令に従わなかった場合には罰則を付す。

★年次有給休暇付与は

ホワイトカラー社員の適用除外制度の対象労働者には、年次有給休暇付与についての規定（労基法39条）が適用されます。

したがって、1年につき最高20日間の年次有給休暇が付与されます。

Q40 企画業務型裁量労働制とホワイトカラー社員の適用除外制度の違いは

Answer Point

☆現行労基法の企画業務型裁量労働制では、労働時間規制が適用されます。その中で、あらかじめ労使で決めた時間を働いた時間（実労働時間）とみなします。

☆ホワイトカラー社員の適用除外制度では、賃金は労働時間の長短ではなく、仕事の成果で決まります。法定時間内労働、時間外労働という考え方自体がなくなります。

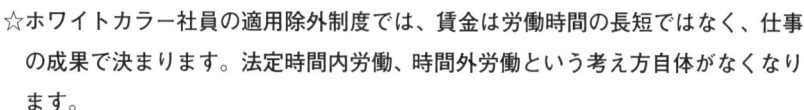

★時間外労働の取扱いは

　現行労基法の企画業務型裁量労働制では、例えば、1日のみなし労働時間を9時間と決めた場合は、法定労働時間（1日8時間）を超えている毎日の1時間分については割増賃金が生じます。

　他方、ホワイトカラー社員の適用除外制度では、仕事の成果のみにより賃金が決められますから、労働時間の長短は賃金に反映されません。

★深夜労働・休日労働の扱いは

　現行企画業務型裁量労働制では、深夜労働（午後10時から午前5時までの労働）、休日労働（毎週1回の休日の労働）には、使用者に割増賃金の支払義務が生じます。

　他方、ホワイトカラー社員の適用除外制度では、休日や深夜に労働させても割増賃金は生じません。

★週休制・年次有給休暇の取扱いは

　現行企画業務型裁量労働制では、労基法の規定どおり、最低毎週1日の休日が与えられます。

　他方、ホワイトカラー社員の適用除外制度では、週2日相当（年間104日）の休日が与えられます。

　また、年次有給休暇については、両制度とも現行労基法の規定どおり与えられます。

　　Q39　制度対象労働者の健康管理など適正実施の措置は
　　Q40　企画業務型裁量労働制とホワイトカラー社員の適用除外制度の違いは

★制度の実施要件は

両制度とも、実施する事業場に労使委員会を設け、その委員会で一定事項を決議し、労基署長に届け出ることが必要です。

【図表111　企画業務型裁量労働制とホワイトカラー社員の適用除外制度との対比】

項　目	企画業務型裁量労働制	ホワイトカラー社員の適用除外制度
❶ 制度の対象者	事業運営の企画・立案や調査・分析の業務従事者	① 管理監督者の一歩手前のホワイトカラー社員で、かつ、 ② 年収900万円以上の者
❷ 制度のしくみ	労使で決めた時間を働いた時間とみなす	労働時間規制の適用対象から除外する制度
❸ 賃金算定の基準	時間外労働については、割増賃金が発生する。	賃金額の決定は労働時間でなく、働いた成果が基準。 時間外労働、休日労働、深夜労働に割増賃金は発生しない。
❹ 休日・年次有給休暇の付与義務	週1日の休日の付与義務あり 年休の付与義務あり	週2日相当の休日付与義務あり。 年休の付与義務あり。
❺ 制度導入の要件	労使委員会で次の事項を決議し、労基署長に届け出る。 ① 対象業務の具体的範囲 ② 対象労働者の具体的な範囲 ③ 1日あたりの「みなし労働時間」 ④ 使用者の講ずる労働者の健康・福祉を確保するための措置 ⑤ 苦情処理措置の実施 ⑥ 対象労働者本人の同意を得ること、不同意者の不利益取扱いの禁止 ⑦ 決議の有効期間 ⑧ 制度実施状況の記録の保存	労使委員会で次の事項を決議し、労基署長に届け出る。 ① 左記②と同じ ② 賃金の決定、計算、支払方法 ③ 週休2日相当以上の休日の確保等 ④ 労働時間の状況の把握 ⑤ 左記④～⑧と同じ

Q41 管理監督者とホワイトカラー社員の適用除外制度の異なる点は

Answer Point

☆両制度ともに、一定の者について労基法（労働時間規制）の適用を除外し、使用者の時間外・休日労働、深夜業の割増賃金の支払義務のないものです。

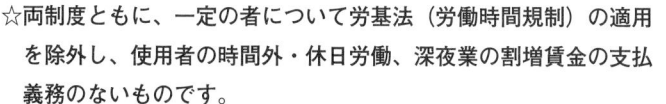

☆ただし、ホワイトカラー社員の適用除外制度のほうが、管理監督者に対する制度よりも労働者保護が手厚くなされています。

★労働者保護が手厚い点というのは

ホワイトカラー社員の適用除外制度のほうが、次の点で手厚くなっています。

(1) 現行労基法では、管理監督者については年収による対象者の制限はありません。

このため、例えば年収600万円であっても、管理監督者に該当すれば時間外労働等の割増賃金の支払いはなくなります。

これに対してホワイトカラー社員の場合は、年収900万円以上の者のみ（仮案）が適用除外の対象となります。

(2) 管理監督者については、休日の付与義務がありません。

これに対して、ホワイトカラー社員については、週休2日相当（年間104日）の休日の付与義務が定められています。

(3) 管理監督者については、制度導入の要件についての規制が何もありません。その労働者が管理監督者に該当すれば、自動的に労基法（労働時間規制）が適用除外されます。

制度のねらいどおりに各企業で実施されているか否かをチェックする方法が労基法に規定されていません。

チェック手段は、労働基準監督官による臨検監督のみです。

これに対してホワイトカラー社員の適用除外制度については、労使委員会を設け、その委員会で一定事項を決議し、労基署長に届け出る義務が定められていて、チェック手段が確保されています。

★管理監督者とホワイトカラーの適用除外制度を対比すると

管理監督者とホワイトカラーの適用除外制度を対比すると、図表112のと

おりです。

【図表112　管理監督者とホワイトカラー社員の適用除外制度の対比】

項目	管理監督者の適用除外制度	ホワイトカラー社員の適用除外制度
❶ 制度の対象者	管理監督者 対象業務、年収等の限定なし。	① 管理監督者の一歩手前のホワイトカラー社員で、かつ、 ② 年収900万円以上の者。
❷ 制度のしくみ	労基法の労働時間規制の適用対象から除外する制度。	同左。
❸ 賃金の算定基準	経営者と一体となって働く者であることから、労基法の労働時間規制を適用除外されるため、時間外・休日・深夜の割増賃金の支払義務が生じない。	賃金額の決定は、働いた時間でなく、成果が基準。 時間外・休日・深夜労働という考え方がなく、割増賃金は発生しない。
❹ 休日・年次有給休暇の付与	休日の付与義務なし。 年休の付与義務あり。	週休2日相当の休日付与義務あり。 年休の付与義務あり。
❺ 制度導入の要件	なし。 管理監督者に該当する労働者は、自動的に労働時間規制が適用除外になる。	労使委員会で一定事項を決議し、労基署長に届け出る。

★管理監督者に該当するか否かの判断基準は

　管理監督者に該当するか否かについては、図表113のような基準で総合判断します（旧労働省通達）。

【図表113　管理監督者に該当するか否かの判断基準】

管理監督者に該当するか否かの判断基準
- ① 労務管理方針の決定に参画し、あるいは労務管理上の権限を有し、経営者と一体的な立場にあること。
　　例えば、人事考課を行う、部下を指揮監督して業務遂行する、時間外労働・休日労働の命令をするといったことが該当します。
- ② 自己の仕事の遂行について自由裁量の権限をもち、出退勤について厳しい規制を受けないこと。
- ③ その地位にふさわしい待遇がなされていること。
　　企画、調査、研究部門スタッフ職、専門職については、管理職と同等の処遇を受けているものであって、経営上重要な事項を担当する者であれば、たとえ部下がいなくても、管理監督者に該当すると考えられます。

④　話題の「ホワイトカラー・エグゼンプション制度」のポイント

⑤ パート労働法改正案の改正ポイント

　パート労働法は、ほぼ全面的に改正・拡充され、事業主に対する義務または努力義務として、次の規定が設けられています。
① 通常労働者と同視すべき短時間労働者の差別的取扱いの禁止
② 賃金、教育訓練、福利厚生についての通常労働者との均衡の確保
③ 短時間労働者の通常労働者への転換の推進措置の実施
　⑤では、これらについて解説します。

Q42 現行パート労働法の正式名称・全体像・主な規定内容は

Answer Point

☆パート労働法では、「短時間労働者」を雇用する事業主に対して、次の努力義務を規定しています。
　①労働条件に関する文書の交付
　②短時間労働者に係る就業規則を作成・変更する際の短時間労働者の過半数代表者からの意見聴取

★パート労働法の正式名称は

　この法律の正式名称は、「短時間労働者の雇用管理の改善等に関する法律」です。以下、パート労働法と略称します。
　この法律が対象とする「短時間労働者」とは、１週間の所定労働時間が同一の事業所に雇用される通常の労働者よりも短い労働者のことをいいます。

★現行パート労働法の構成は

　現行パート労働法の構成は、図表114のとおりです。

【図表114　パート労働法の全体構成】

```
パ　　　┌─ 第１章　総則（第１条－第４条）
ー　　　│
ト　　　├─ 第２章　短時間労働者対策基本方針（第５条）
労　　　│
働　　　├─ 第３章　短時間労働者の雇用管理の改善等に関する措置等
法　　　│　　第１節　雇用管理の改善等に関する措置（第６条－第10条）
の　　　│　　第２節　職業能力の開発及び向上等に関する措置（第11条・第12条）
全　　　│
体　　　├─ 第４章　短時間労働者援助センター（第13条－第30条）
構　　　│
成　　　└─ 第５章　雑則（第31条－第35条）
```

★事業主に関係する主要規定は

　パート労働法のうち事業主に課せられた努力義務は、次のとおりです。
(1)　労働条件に関する文書の交付

⑤　パート労働法改正案の改正ポイント

事業主は、短時間労働者を雇い入れるときは、速やかに、その短時間労働者に対して、労働時間その他の労働条件に関する事項（労基法15条1項に規定する厚生労働省で定める事項を除きます）を明らかにした文書を交付するように努めるものとする（パート労働法6条）。
(2)　就業規則の作成の手続
　事業主は、短時間労働者に係る事項について就業規則を作成し、又は変更しようとするときは、その事業主において雇用する短時間労働者の過半数を代表すると認められる者の意見を聴くように努めるものとする（パート労働法7条）。
(3)　指針
　厚生労働大臣は、事業主が講ずべき雇用管理の改善等のための措置に関し、その適切かつ有効な実施を図るために必要な指針を定める（パート労働法8条）。

★現行パート労働法と改正法案を対比すると

　現行パート労働法と改正法案を対比すると、図表115のとおりです。

【図表115　現行パート労働法と改正法案との対比】

	項　　目	現　行　法	改　正　法　案
1	労働条件に関する文書の交付	努力義務規定	義務規定
2	通常の労働者と同視すべき短時間労働者に対する差別的取扱いの禁止	法規定なし	法規定新設 法違反事業主に対して10万円以下の過料新設
3	賃金に係る均衡の確保	法規定なし	法規定新設
4	教育訓練に係る均衡の確保		
5	福利厚生に係る均衡の確保		
6	通常の労働者への転換の促進		
7	待遇の決定にあたって考慮した事項の説明		
8	紛争の解決		

Q43 パート労働法改正案の主な改正点・施行日は

Answer Point

☆パート労働法改正案では、新たに、事業主に対して次の①②が義務づけられます。
　①短時間労働者の賃金・教育訓練・福利厚生について通常労働者との均等を図ること。
　②短時間労働者の通常労働者への転換を推進する措置を講ずること。

★パート労働法改正案の主な改正点は
　パート労働法改正案のうち事業主に新たに義務を課すなどの主要改正点は、図表116のとおりです。

【図表116　パート労働法改正案の主要改正点】

パート労働法改正案の主要改正点
- ①　短時間労働者に対する労働条件の文書明示・違反者に対する過料の創設
- ②　通常の労働者と同視すべき短時間労働者に対する差別的取扱いの禁止
- ③　賃金についての均衡の確保
- ④　教育訓練についての均衡の確保
- ⑤　福利厚生についての均衡の確保
- ⑥　通常の労働者への転換の推進
- ⑦　事業主が待遇の決定にあたって考慮した事項の説明
- ⑧　紛争の解決
- ⑨　短時間労働者援助センター

★パート労働法改正案の施行日は
　パート労働法改正案の成立規定は、平成20年4月1日から施行されます。
　ただし、図表116の「⑨短時間労働者援助センター」の規定については、平成19年7月1日から施行されます。

Q44 短時間労働者に対する労働条件の文書明示規定は

Answer Point

☆パート労働法改正案では短時間労働者を雇い入れた事業主には、一定事項を明示した文書を交付することなどが義務づけられます。

☆この規定に違反した者は、10万円以下の過料に処せられます。

★「労働条件に関する文書の交付等」に関する規定内容は

これについては、現行パート労働法6条（107頁参照）が図表117のように改正されます。

【図表117　労働条件に関する文書の交付等に関する規定】

①　事業主は、労働基準法第15条第1項後段に定めるもののほか、短時間労働者を雇い入れたときは、速やかに、その短時間労働者に対して、退職手当その他の賃金に関する事項として厚生労働省令で定めるものを文書の交付その他の厚生労働省令で定める方法により明示しなければならない。 ②　事業主は、①の事項を明示する際に、労働時間その他の労働条件に関する事項（①の事項及び労働基準法第15条第1項に規定する厚生労働省令で定める事項を除く。）についても併せて明示するように努めるものとする。

★「労基法15条1項後段に定めるもの」というのは

図表118の事項については、必ず文書で明示しなければなりません（現行労基法15条1項、労基則5条）。

★パート労働法改正案で文書等の明示が義務づけられる事項・明示方法は

パート労働法改正案と厚生労働省令で、明示が義務づけられる事項としては、「昇給、賞与、退職金の有無」が想定されます。

明示方法は、文書の交付、メールの送信等です。

★事業主の対応ポイントは

事業主は、短時間労働者を雇い入れたときは、図表119の労働条件通知書を交付すれば、パート労働法の規定を遵守したことになります。

【図表118　現行労基法で義務づけられている文書明示事項】

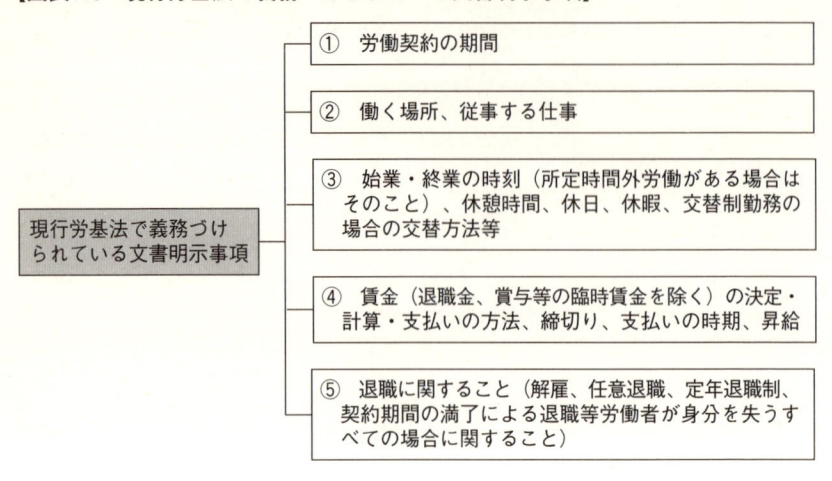

現行労基法で義務づけられている文書明示事項
- ①　労働契約の期間
- ②　働く場所、従事する仕事
- ③　始業・終業の時刻（所定時間外労働がある場合はそのこと）、休憩時間、休日、休暇、交替制勤務の場合の交替方法等
- ④　賃金（退職金、賞与等の臨時賃金を除く）の決定・計算・支払いの方法、締切り、支払いの時期、昇給
- ⑤　退職に関すること（解雇、任意退職、定年退職制、契約期間の満了による退職等労働者が身分を失うすべての場合に関すること）

【図表119　労働条件通知書（雇用通知書）】

<table>
<tr><td colspan="2">労働条件通知書（雇用通知書）
　　　　　　　　　　　　　　　　　　平成　年　月　日
＿＿＿＿＿＿＿＿殿
　　　事業所名称、所有地
　　　使　用　者　名</td></tr>
<tr><td>契約期間</td><td>期間の定めなし、期間の定めあり（平成　年　月　日～　年　月　日）</td></tr>
<tr><td>就業の場所</td><td></td></tr>
<tr><td>従事すべき業務の内容</td><td></td></tr>
<tr><td>始業、終業の時刻、休憩時間、就業時転換、所定時間外労働の有無に関する事項</td><td>1．始業・終業の時刻等
　［(1)～(5)のうち該当するもの一つに○を付けること。］
　(1) 始業（　時　分）終業（　時　分）
　【以下のような制度が労働者に適用される場合】
　(2) 変形労働時間制等：（　）単位の変形労働時間制・交替制として、次の勤務時間の組み合わせによる。
　　　始業（　時　分）終業（　時　分）（適用日　）
　　　始業（　時　分）終業（　時　分）（適用日　）
　　　始業（　時　分）終業（　時　分）（適用日　）
　(3) フレックスタイム制：始業および終業の時刻は労働者の決定に委ねる。
　　　（ただし、フレキシブルタイム（始業）　時　分から　時　分、（終業）　時　分から　時　分、コアタイム　時　分から　時　分）
　(4) 事業場外みなし労働時間制：
　　　始業（　時　分）終業（　時　分）
　(5) 裁量労働制：始業（　時　分）終業（　時　分）を基本とし、労働者の決定に委ねる。
　○詳細は、就業規則第　条～第　条、第　条～第　条、第　条～第　条
2．休憩時間（　　）分</td></tr>
</table>

	3．所定時間外労働 　［有（1週　時間、1か月　時間、1年　時間）、無］ 4．休日労働［有（1か月　日、1年　日）、無］
休日または 勤務日	・　定例日：毎週曜日、国民の祝日、その他（　　） ・　非定例日：週月あたり日、その他（　　） ・　1年単位の変形労働時間制の場合一年間　○日 　（勤務日） 　　毎週（　　）、その他（　　） 　　○詳細は、就業規則第　条～第　条、第　条～第　条
休暇	1．年次有給休暇：6か月継続した場合→　　　日 　　　　　　　　　　　継続勤務6か月以内の年次有給休暇 　　　　　　　　　　　（有、無） 2．その他の休暇　有給（　　） 　　　　　　　　　無給（　　） 　　○詳細は、就業規則第　条～第　条、第　条～第　条
賃金	1．基本賃金　イ　月給（　　円）、ロ　日給（　　円） 　　　　　　ハ　時間給（　　円） 　　　　　　ニ　出来高給（基本単価　円、保障給　円） 　　　　　　ホ　その他（　　円） 　　　　　　ヘ　就業規則に規定されている賃金等級等（　　） 2．諸手当の額または計算方法 　イ（　　　手当　円／計算方法：　　　　　） 　ロ（　　　手当　円／計算方法：　　　　　） 　ハ（　　　手当　円／計算方法：　　　　　） 　ニ（　　　手当　円／計算方法：　　　　　） 3．所定時間外、休日または深夜労働に対して支払われる割増賃金率 　イ　所定時間外　法定超（　）％、所定超（　）％、 　ロ　休日　法定休日（　）％、法定外休日（　）％、 　ハ　深夜（　）％ 4．賃金締切日（　　）毎月　日、（　　）毎月　日 5．賃金支払日（　　）毎月　日、（　　）毎月　日 　　　6．労使協定にもとづく賃金支払時の控除（無、有（　　）） 　　　7．昇給（時期等） 　　　8．賞与（有（時期、金額等　　　　　　　　）、無） 　　　9．退職金（有（時期、金額等　　　　　　　　）、無）
退職に関す る事項	1．定年制（有（　歳）、無） 2．自己都合退職の手続（退職する日以上前に届け出ること） 3．解雇の事由および手続 　［　　　　　　　　　　　　　　　　　　　　　　　］ 　○詳細は、就業規則第　条～第　条、第　条～第　条
その他	・　社会保険の加入状況（厚生年金、健康保険、厚生年金基金） 　　　　　　　　　　　その他（　　　　　　　　　） ・　雇用保険の適用（有、無） ・　その他 　［　　　　　　　　　　　　　　　　　　　　　　　］ ・　具体的に適用される就業規則名（　　　　　　　　　）

★労働条件の明示方法をみると

　企業におけるパート労働者採用時の労働条件の明示方法をみると、文書により明示しているとする事業所の割合は、87.5％に達しています。

　業種・企業規模別による明示方法をみると、業種別では、特段の傾向の差はみられず、規模別では、5～29人規模の企業においても文書による明示は7割弱に達しています。

　平成13年時と比較すると、文書により明示している割合は52.9％から87.5％へと伸びており、特に5～29人規模の企業においては、倍増以上の伸びとなっています。

【図表120　労働条件の明示方法】

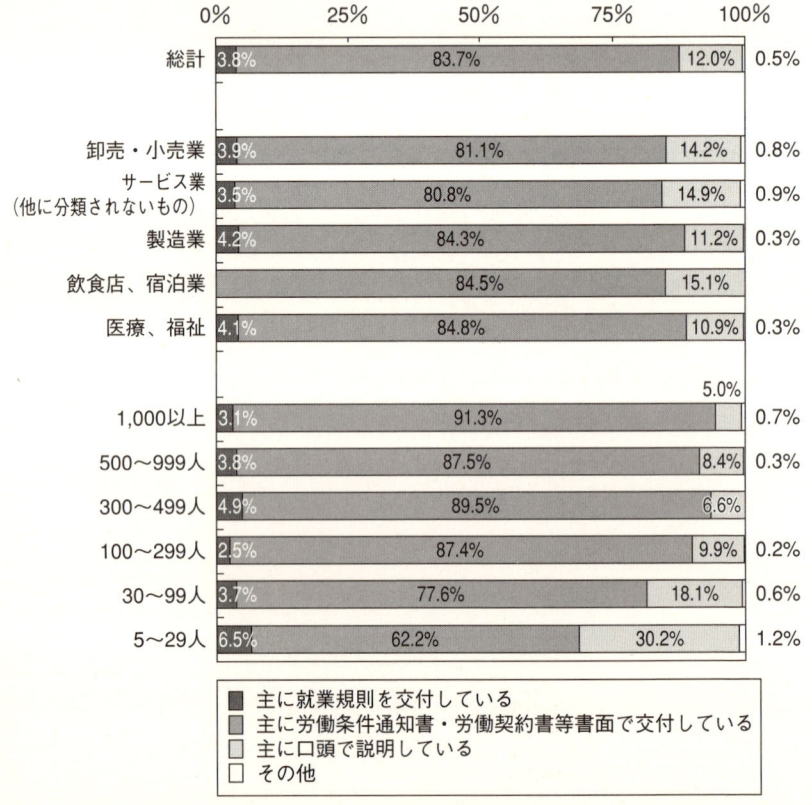

区分	主に就業規則を交付している	主に労働条件通知書・労働契約書等書面で交付している	主に口頭で説明している	その他
総計	3.8%	83.7%	12.0%	0.5%
卸売・小売業	3.9%	81.1%	14.2%	0.8%
サービス業（他に分類されないもの）	3.5%	80.8%	14.9%	0.9%
製造業	4.2%	84.3%	11.2%	0.3%
飲食店、宿泊業		84.5%	15.1%	
医療、福祉	4.1%	84.8%	10.9%	0.3%
1,000以上	3.1%	91.3%	5.0%	0.7%
500～999人	3.8%	87.5%	8.4%	0.3%
300～499人	4.9%	89.5%	6.6%	
100～299人	2.5%	87.4%	9.9%	0.2%
30～99人	3.7%	77.6%	18.1%	0.6%
5～29人	6.5%	62.2%	30.2%	1.2%

（出所：平成17年パートタイム労働者実態調査　(財)21世紀職業財団）

⑤　パート労働法改正案の改正ポイント

Q45 通常労働者と同視すべき短時間労働者の差別禁止規定は

Answer Point

☆パート労働法改正案では、通常の労働者と同視すべき短時間労働者を、短時間労働者であることを理由として、その待遇について差別的取扱いをすることが禁止されています。

★通常労働者と同視すべき短時間労働者に対する差別禁止の規定内容は

通常労働者と同視すべき短時間労働者に対する差別禁止の規定内容は、図表121のとおりです。

【図表121　通常労働者と同視すべき短時間労働者に対する差別禁止規定】

> ① 事業主は、a業務の内容及びその業務に伴う責任の程度からみてその職務の内容がその事業所における通常労働者と同一の短時間労働者（以下「職務同一短時間労働者」という。）であって、bその事業主と期間の定めのない労働契約を締結しているもののうち、cその事業所における慣行その他の事情からみて、その事業主との雇用関係が終了するまでの間において通常労働者と同様の態様及び頻度での職務の変更が見込まれる者については、d短時間労働者であることを理由として、eその待遇について差別的取扱いをしてはならない。
> ② ①の期間の定めのない労働契約には、反復して更新されることによって期間の定めのない労働契約と同視することが社会通念上相当と認められる期間の定めのある労働契約を含む。

★通常労働者と同視すべき短時間労働者というのは

パート労働法改正案で差別が禁止される「通常労働者と同視すべき短時間労働者」というのは、図表122の3つの要件をすべて満たす者のことをいいます。

本書では、このような短時間労働者のことを「呼称パート」といいます。

就労実態、責任、配置換えなどがその事業場の正社員とまったく同一であるにもかかわらず、その事業場での従業員としての身分取扱上、正社員と区別されて、「パート」と呼ばれ、正社員とは別に処遇されている者のことです。

パートと呼ばれているけれども、正社員と同等に企業に貢献している人ということです。

【図表122　通常労働者と同視すべき短時間労働者の3要件】

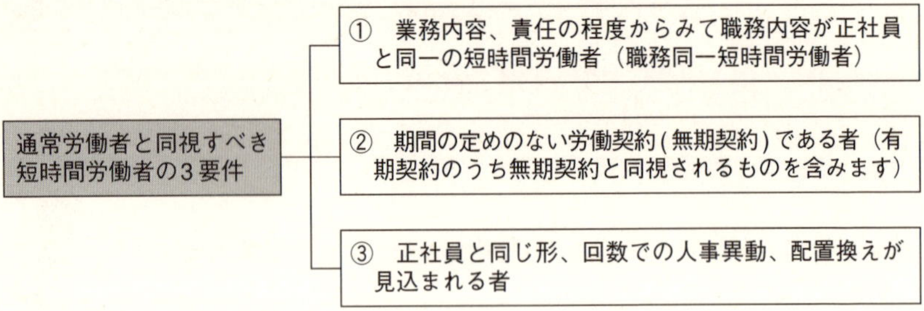

通常労働者と同視すべき短時間労働者の3要件
- ① 業務内容、責任の程度からみて職務内容が正社員と同一の短時間労働者（職務同一短時間労働者）
- ② 期間の定めのない労働契約(無期契約)である者（有期契約のうち無期契約と同視されるものを含みます）
- ③ 正社員と同じ形、回数での人事異動、配置換えが見込まれる者

★「短時間労働者であることを理由として」というのは

　「理由として」というのは、短時間労働者であることが差別的取扱いの決定的原因となっていると判断される場合をいいます。

★待遇というのは

　待遇には、賃金、労働時間、休暇付与、労働災害補償、安全衛生、人事異動、昇格、昇進、降格、懲戒処分、表彰、福利厚生、社会・労働保険の取扱いなど、職場における労働者の取扱いのいっさいが含まれます。

★「差別的取扱いをする」というのは

　差別的取扱いをするとは、その労働者を有利または不利に取り扱うことをいいます。
　何をもって有利とし、または不利とするかは、一般の社会通念に従って判断されます。

★差別禁止規定の民事上の効力（損害賠償等）は

　上述の差別的取扱いの禁止の規定は強行規定です。つまり、事業主は必ず法規定を守らなければなりません。
　事業主がこの規定に違反した場合には、民法の公序良俗違反及び不法行為に該当します。
　したがって、該当する労働者が、事業主を相手として裁判所に訴えを起こし、事業主が敗れた場合には、差別的取扱いを定めた就業規則、労働契約、差別的取扱行為などが無効となり、労働者に対して損害賠償を支払わなければならなくなります。

Q46 有期契約のうち無期契約と同視できる契約ってなに

Answer Point

☆有期契約のうち、契約更新をくり返すことにより無期契約と同視できる場合には、職務、人事異動が正社員と同一であれば、差別が禁止されます（図表121参照）。

☆有期契約のうちどのようなものが無期契約と同視されるかの判断基準は、改正法案の成立後、指針等で示されると思われます。

★期間の定めない契約（無期労働契約）とある契約（有期労働契約）というのは

労働契約（雇用契約）には、「期間の定めのない契約」（正社員、一部パートの場合）と「期間を定める契約」（大多数のパート・契約社員の場合）とがあります。

「期間の定めのない契約」（無期契約）では、やむを得ない理由で会社が解雇する場合、あるいは従業員が退職する場合を除いて、定年まであるいは長期間雇用が継続します。

これに対し、「期間の定めのある契約（有期労働契約）」では、契約期間満了をもって契約は終了します。

有期労働契約の場合の契約期間は、1回につき、原則として3年（特例は5年）を超えて定めることはできません。契約更新は何回でも可能です。

労働契約の期間の定め方をまとめると、図表123のとおりです。

【図表123　労働契約の期間の定め方の比較】

定め方	例	留意点
❶ 期間の定めのない労働契約（無期契約）	正社員、常用労働者、一部パートの場合	① 使用者は、解雇する場合、30日前の予告義務あり（労基法）。 ② 労働者が辞職するときは、2週間前に申し出る。
❷ 期間の定めのある労働契約（有期契約）	「臨時・嘱託社員、パートタイマーとして1年間雇用する」といった形	① 労働者は「やむことを得ない事由」（病気ほか）がなければ、期間中途で解約できない。 ② 3年間を超える契約は原則禁止。ただし、60歳以上の者と高度技術者等については、5年以内の契約が認められる（労基法）。

★パート労働者の契約期間の定めについてみると

　パート労働者の契約期間について、期間を定めている事業主が約8割、定めていない事業主が約2割となっています。
　期間を定めている場合、1回あたりの契約期間をみると、「6か月超～1年以内」が最も多く、次いで「3か月超～6か月以内」、「1か月超～3か月以内」となっています。

【図表124　パート労働者の契約期間の定めの有無、1回あたりの契約期間(事業主回答)】

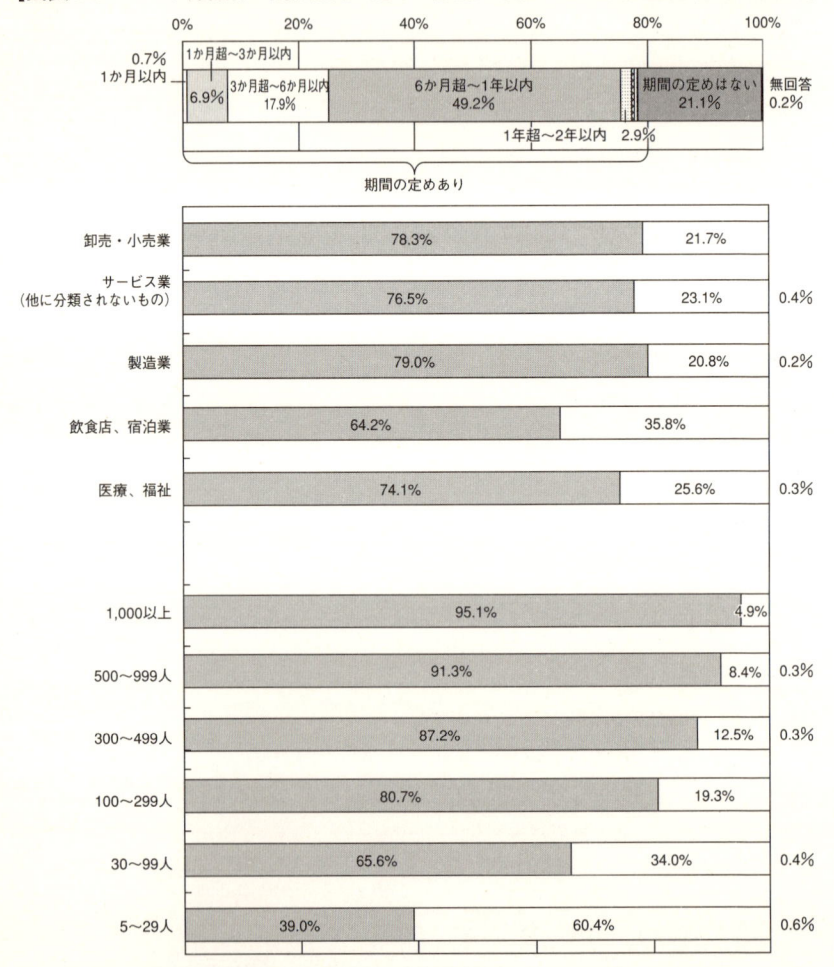

区分	1か月以内	1か月超～3か月以内	3か月超～6か月以内	6か月超～1年以内	1年超～2年以内	期間の定めはない	無回答
全体	0.7%	6.9%	17.9%	49.2%	2.9%	21.1%	0.2%

業種	期間の定めあり	期間の定めなし	無回答
卸売・小売業	78.3%	21.7%	
サービス業（他に分類されないもの）	76.5%	23.1%	0.4%
製造業	79.0%	20.8%	0.2%
飲食店、宿泊業	64.2%	35.8%	
医療、福祉	74.1%	25.6%	0.3%

規模	期間の定めあり	期間の定めなし	無回答
1,000以上	95.1%	4.9%	
500～999人	91.3%	8.4%	0.3%
300～499人	87.2%	12.5%	0.3%
100～299人	80.7%	19.3%	
30～99人	65.6%	34.0%	0.4%
5～29人	39.0%	60.4%	0.6%

(注)　「パート労働者」：正社員以外の労働者で、呼称や名称に係らず、1週間の所定労働時間が正社員より短い労働者
(出所：パートタイム労働者実態調査（平成17年(財)21世紀職業財団）

⑤　パート労働法改正案の改正ポイント

Q47 通常労働者と短時間労働者との賃金のバランス規定は

Answer Point

☆パート労働法改正案では、通常労働者とのバランスを考慮して、短時間労働者の賃金を決めるように、事業主に対して努力義務を規定しています。

★賃金の均衡確保についての規定内容は

賃金の均衡確保についての規定内容は、図表125のとおりです。

【図表125　賃金の均衡確保についての規定】

① 事業主は、通常労働者との均衡を考慮しつつ、その雇用する短時間労働者（呼称パートを除く。）の職務の内容若しくは成果、意欲、能力又は経験等を勘案し、その賃金（通勤手当、退職手当その他の厚生労働省令で定めるものを除く。②において同じ。）を決定するように努めるものとする。
② 事業主は、職務同一短時間労働者（呼称パートを除く。）であって、その事業所における慣行その他の事業からみて、その事業主に雇用される期間のうちの一定の期間において通常労働者と同様の態様及び頻度での職務の変更が見込まれるものについては、通常労働者と同一の方法によりその期間における賃金を決定するように努めるものとする。

★図表125①の規定の意味は

　一般の短時間労働者の賃金については、通常労働者とのバランスを考えながら、各個人の職務内容、成果等に応じて決定するように努力せよということです。

★図表125の②の規定の意味は

　職務同一短時間労働者で、人事異動等が通常労働者と同じように見込まれる者の賃金については、通常労働者と同一方法により決めるように努力せよということです。

★図表125の②の均衡確保の対象から除外される賃金は

　職務内容、成果等と関係のない、あるいは関係のうすい通勤手当、退職手当その他の賃金が厚生労働省令により均衡確保の対象となる賃金から除外される予定です。

★一般労働者とパート労働者の賃金格差の推移をみると

一般労働者の「所定内給与額」及び「年間賞与その他特別給与額」を時給換算しものを100とした場合、図表126のとおり、男女とも格差は拡大しますが、傾向的な相違はありません。

【図表126　一般労働者とパート労働者の賃金格差の推移】

＜一般労働者の1時間あたりの平均所定内給与額とパート労働者の1時間あたりの所定内給与額の比較＞

年	男性			女性		
	一般労働者	パートタイム労働者	格差（一般＝100）	一般労働者	パートタイム労働者	格差（一般＝100）
	(円)	(円)		(円)	(円)	
平成元年	1,542	855	55.4	934	662	70.9
2年	1,632	944	57.8	989	712	72.0
3年	1,756	1,023	58.3	1,072	770	71.8
4年	1,812	1,053	58.1	1,127	809	71.8
5年	1,904	1,046	54.9	1,187	832	70.1
6年	1,915	1,037	54.2	1,201	848	70.6
7年	1,919	1,061	55.3	1,213	854	70.4
8年	1,976	1,071	54.2	1,255	870	69.3
9年	2,006	1,037	51.7	1,281	871	68.0
10年	2,002	1,040	51.9	1,295	886	68.4
11年	2,016	1,025	50.8	1,318	887	67.3
12年	2,005	1,026	51.2	1,329	889	66.9
13年	2,028	1,029	50.7	1,340	890	66.4
14年	2,025	991	48.9	1,372	891	64.9
15年	2,009	1,003	49.9	1,359	893	65.7
16年	1,999	1,012	50.6	1,376	904	65.7
17年	2,035	1,069	52.5	1,365	942	69.0

＜一般労働者の1時間あたりの所定内給与額及び年間賞与その他特別給与額とパート労働者の1時間あたりの所定内給与額及び年間賞与その他特別給与額の比較＞

年	男性			女性		
	一般労働者	パートタイム労働者	格差（一般＝100）	一般労働者	パートタイム労働者	格差（一般＝100）
	(円)	(円)		(円)	(円)	
平成元年	2,043	894	43.8	1,183	711	60.1
2年	2,172	997	45.9	1,256	768	61.1
3年	2,358	1,085	46.0	1,368	832	60.8
4年	2,435	1,121	46.0	1,444	877	60.7
5年	2,548	1,101	43.2	1,521	899	59.1
6年	2,542	1,087	42.8	1,536	911	59.3
7年	2,532	1,114	44.0	1,548	915	59.1
8年	2,606	1,122	43.1	1,602	930	58.1
9年	2,645	1,103	41.7	1,632	929	56.9
10年	2,638	1,081	41.0	1,645	937	57.0
11年	2,624	1,061	40.4	1,664	936	56.3
12年	2,582	1,061	41.1	1,669	934	56.0
13年	2,612	1,066	40.8	1,680	933	55.5
14年	2,598	1,020	39.3	1,706	929	54.5
15年	2,535	1,032	40.7	1,671	928	55.5
16年	2,505	1,039	41.5	1,682	937	55.7
17年	2,572	1,069	41.5	1,655	972	58.7

(注)「パート労働者」：正社員以外の労働者で、呼称や名称に係らず、1週間の所定労働時間が正社員より短い労働者
(出所：賃金構造基本統計調査〔厚生労働省〕)

★職務と人材活用の仕組みが通常労働者とほとんど同じパートの賃金水準は

職務が正社員とほとんど同じで、かつ、正社員と人材活用の仕組みや運用が実質的に異ならないパート労働者について、正社員と比較した賃金水準を比較すると、正社員の8割程度以上とする事業所の割合は64.5％に達しています。

企業規模別でみると、8割程度以上の賃金水準とする割合は、規模が小さいほど高い傾向がみられます。

【図表127 「職務と人材活用の仕組みが正社員とほとんど同じパート」の賃金水準についての正社員との比較】

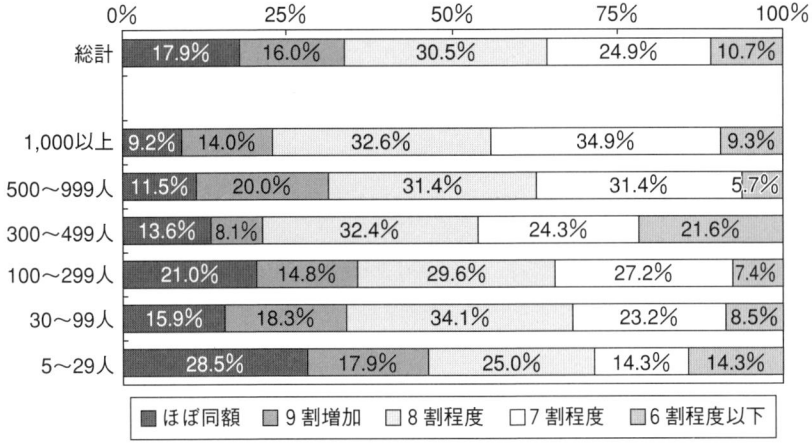

区分	ほぼ同額	9割増加	8割程度	7割程度	6割程度以下
総計	17.9%	16.0%	30.5%	24.9%	10.7%
1,000人以上	9.2%	14.0%	32.6%	34.9%	9.3%
500〜999人	11.5%	20.0%	31.4%	31.4%	5.7%
300〜499人	13.6%	8.1%	32.4%	24.3%	21.6%
100〜299人	21.0%	14.8%	29.6%	27.2%	7.4%
30〜99人	15.9%	18.3%	34.1%	23.2%	8.5%
5〜29人	28.5%	17.9%	25.0%	14.3%	14.3%

(出所:平成17年パートタイム労働者実態調査 (財)21世紀職業財団)

★パート採用時の賃金決定要素についてみると

パート労働者の採用時の賃金決定要素をみると、「地域の同業・同一職種の賃金相場」とする割合が64.4%と最も高く、次いで「パート・契約社員の在籍者」43.9%、「仕事の難易度」が28.0%と高くなっています。

平成13年時と比較すると、特段の変化はありません。

【図表126 パート採用時の賃金決定要素(複数回答)】

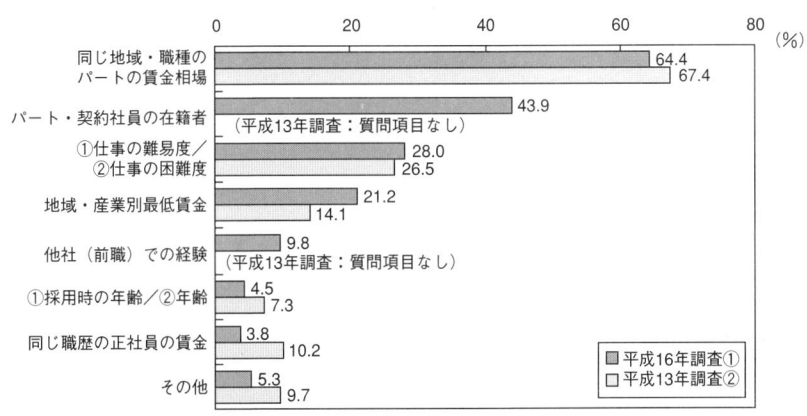

項目	平成16年調査①	平成13年調査②
同じ地域・職種のパートの賃金相場	64.4	67.4
パート・契約社員の在籍者	43.9	(平成13年調査:質問項目なし)
①仕事の難易度/②仕事の困難度	28.0	26.5
地域・産業別最低賃金	21.2	14.1
他社(前職)での経験	9.8	(平成13年調査:質問項目なし)
①採用時の年齢/②年齢	4.5	7.3
同じ職歴の正社員の賃金	3.8	10.2
その他	5.3	9.7

出所①平成16年パートタイマー・契約社員に関する総合実態調査(財労務行政研究所)
　※1　全国証券市場の上場企業および店頭登録企業3,636社と、上場企業に匹敵する非上場企業
　　　　(資本金5億円以上かつ従業員500人以上)360社の合計3,986社を調査。有効回答数180社
　※2　調査時期は平成16年5月26日〜7月13日
　※3　「パート」の定義は、正社員より1日の所定内労働時間が短いか、1週の所定労働日数が
　　　　少ない者。雇用期間は1か月を超えるか、または定めのない者(一般事務など、非専門職種
　　　　に従事することを目的とする)。
②平成13年パートタイム労働者総合実態調査(厚生労働省)

Q48 通常労働者と短時間労働者との教育訓練・福利厚生のバランス規定は

Answer Point

☆パート労働法改正案では、職務同一短時間労働者に対しても通常労働者と同一の教育訓練を行うよう義務づけるなどの規定を設けられます。

☆またパート労働法改正案では、一定の福利厚生施設については、短時間労働者にも、通常労働者と等しく利用できる機会を与えるように努力するよう義務づけています。

★教育訓練の均衡確保についての規定内容は

教育訓練の均衡確保についての規定内容は、図表129のとおりです。

【図表129　教育訓練の均衡確保についての規定】

| ① 事業主は、通常労働者に対して実施する教育訓練であって、その通常労働者が従事する職務の遂行に必要な能力を付与するためのものについては、職務同一短時間労働者が既にその職務に必要な能力を有している場合その他の厚生労働省令で定める場合を除き、職務同一短時間労働者に対しても、これを実施しなければならない。
② 事業主は、①のほか、通常労働者との均衡を考慮しつつ、その雇用する短時間労働者の職務の内容及び成果、意欲、能力並びに経験等に応じ、その短時間労働者に対し教育訓練を実施するように努めるものとする。 |
|---|

★福利厚生施設についての均衡確保の規定内容は

福利厚生施設についての均衡確保の規定内容は、図表130のとおりです。

【図表130　福利厚生の均衡確保についての規定】

事業主は、通常労働者に対して利用の機会を与える福利厚生施設であって、健康の保持又は業務の円滑な遂行に資するものとして厚生労働省令で定めるものについては、その雇用する短時間労働者に対しても利用の機会を与えるように配慮しなければならない。

★均衡確保の対象となる福利厚生施設は

「福利厚生施設であって、健康の保持又は業務の円滑な遂行に資するもの」として厚生労働省令では、休憩室、食堂、更衣室等が定められることが予想されます。

★教育訓練の実施状況についてみると

教育訓練の実施状況をみると、パート労働者に対する計画的な OJT の実施率は、正社員に対する計画的な OJT の実施率の 7 割程度の水準となっている一方、パート労働者に対する Off－JT の実施率は低い水準となっており、「特に何も実施していない」とする割合も 36.9％ に達しています。

【図表131 教育訓練の実施状況】

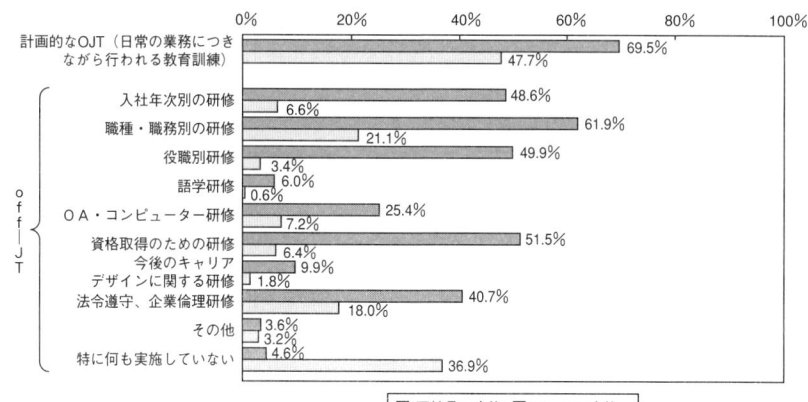

項目	正社員に実施	パートに実施
計画的なOJT（日常の業務につきながら行われる教育訓練）	69.5%	47.7%
入社年次別の研修	48.6%	6.6%
職種・職務別の研修	61.9%	21.1%
役職別研修	49.9%	3.4%
語学研修	6.0%	0.6%
ＯＡ・コンピューター研修	25.4%	7.2%
資格取得のための研修	51.5%	6.4%
今後のキャリアデザインに関する研修	9.9%	1.8%
法令遵守、企業倫理研修	40.7%	18.0%
その他	3.6%	3.2%
特に何も実施していない	4.6%	36.9%

（出所：多様化する就業形態の下での人事戦略と労働者の意識に関する調査（平成17年(財)労働政策研究・研修機構））

注 本資料では、上記統計について「該当なし」、「無回答」を除いたデータを利用。

★内容別福利厚生制度の適用状況についてみると

内容別の福利厚生制度の適用状況をみると、パート労働者への適用割合が高いものは、「社内行事への参加」85.1％、「慶弔見舞金」71.1％、「保養施設の利用」41.0％ となっています。

【図表132 福利厚生制度の適用状況（複数回答）】

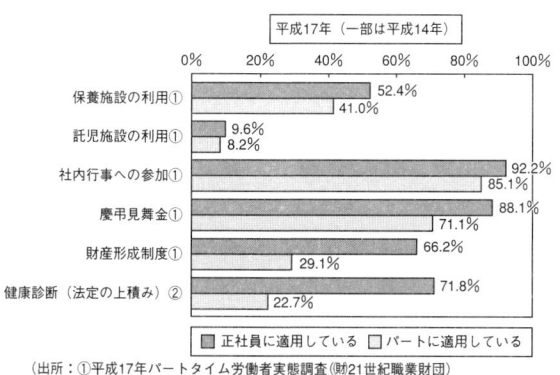

平成17年（一部は平成14年）

項目	正社員に適用している	パートに適用している
保養施設の利用①	52.4%	41.0%
託児施設の利用①	9.6%	8.2%
社内行事への参加①	92.2%	85.1%
慶弔見舞金①	88.1%	71.1%
財産形成制度①	66.2%	29.1%
健康診断（法定の上積み）②	71.8%	22.7%

（出所：①平成17年パートタイム労働者実態調査（(財)21世紀職業財団）
　　　　②平成14年企業の福利厚生制度に関する調査（(財)生命保険文化センター））
※ 東京都区部及び政令指定都市の正規従業員数5人以上の民間企業（農林水産業、保険媒介代理業、保険サービス業、通信業、熱供給業、水道業等を除く）を調査。有効回答数2,014件。
調査期間は平成14年8月7日～11月14日。

Q48 通常労働者と短時間労働者との教育訓練・福利厚生のバランス規定は

Q49 短時間労働者の通常労働者への転換推進規定は

Answer Point

☆パート労働法改正案で、事業主は、短時間労働者に対し、通常労働者への転換推進に向けた措置を講じることが義務づけられています。

★通常労働者への転換推進の規定内容は

(1) 事業主は、通常労働者への転換を推進するため、その雇用する短時間労働者について、図表133のいずれかの措置を講じなければなりません。

(2) 国は、通常労働者への転換を推進するため、(1)に掲げる措置を講ずる事業主に対する援助等必要な措置を講ずるように努めるものとします。

【図表133 通常労働者への転換推進の措置】

通常労働者への転換推進の措置

① 通常労働者の募集を行う場合において、その募集に係る事業所に掲示すること等により、その者が従事すべき業務の内容、賃金、労働時間その他の募集に係る事項をその事業所において雇用する短時間労働者に周知する。

② 通常労働者の配置を新たに行う際に、配置の希望を申し出る機会をその事業所において雇用する短時間労働者に対して与える。

③ 一定の資格を有する短時間労働者を対象とした試験制度を設けること、その他の通常労働者への転換のための制度を設ける。

④ ①から③までに掲げるもののほか、短時間労働者が通常労働者として必要な能力を取得するために教育訓練を受ける機会を確保すること、その他の通常の労働者への転換を推進するための措置を講ずる。

★強行規定と努力義務規定の違いは

強行規定とは「○○してはならない」あるいは「○○しなければならない」と強制的な禁止義務あるいは実施義務を定めている規定のことです。必ず規定どおりにしないと法違反ということになります。

上述の(1)はこの強行規定です。

他方、努力義務規定というのは「○○するように努めなければならない」あるいは「○○するように努めるものとする」と定めている規定のことをいいます。「できるだけ努力してください」ということであって、「必ず実施せよ」ということではありません。パート労働法改正案の一部は、この努力義務規定です。

★通常の労働者への応募機会の優先付与等の状況をみると

正社員を募集する場合に、同種の業務に従事するパート労働者に対して、応募の機会を付与しているかをみると、「優先的ではないが応募の機会を提供している」が58.8％、「優先的に応募の機会を提供している」は16.4％となっています。

【図表134　通常の労働者への応募機会の優先付与等の状況】

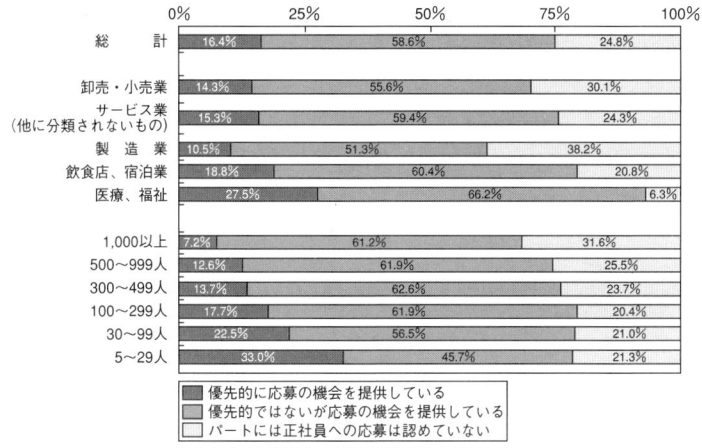

	優先的に応募の機会を提供している	優先的ではないが応募の機会を提供している	パートには正社員への応募は認めていない
総計	16.4%	58.6%	24.8%
卸売・小売業	14.3%	55.6%	30.1%
サービス業（他に分類されないもの）	15.3%	59.4%	24.3%
製造業	10.5%	51.3%	38.2%
飲食店、宿泊業	18.8%	60.4%	20.8%
医療、福祉	27.5%	66.2%	6.3%
1,000以上	7.2%	61.2%	31.6%
500〜999人	12.6%	61.9%	25.5%
300〜499人	13.7%	62.6%	23.7%
100〜299人	17.7%	61.9%	20.4%
30〜99人	22.5%	56.5%	21.0%
5〜29人	33.0%	45.7%	21.3%

（出所：平成17年パートタイム労働者実態調査（（財）21世紀職業財団））

★パートから正社員への転換制度の有無をみると

パート労働者から正社員への転換制度の有無をみると、「ある」とする事業所は、48.0％となっています。企業規模別にみると、規模が小さい企業ほど「ある」とする割合が高い傾向がみられます。

【図表135　正社員への転換制度の有無（平成17年）】

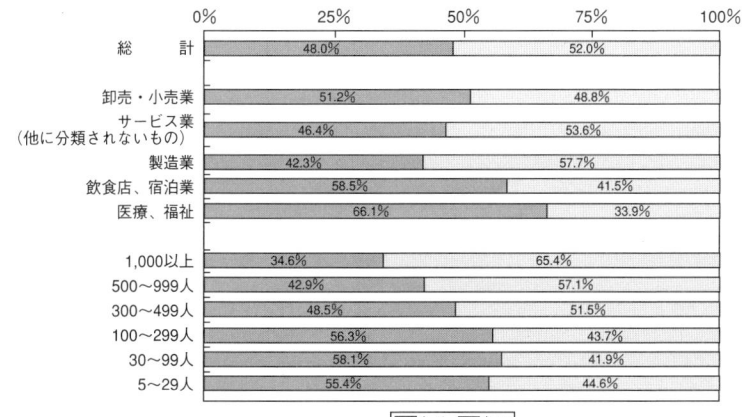

	ある	ない
総計	48.0%	52.0%
卸売・小売業	51.2%	48.8%
サービス業（他に分類されないもの）	46.4%	53.6%
製造業	42.3%	57.7%
飲食店、宿泊業	58.5%	41.5%
医療、福祉	66.1%	33.9%
1,000以上	34.6%	65.4%
500〜999人	42.9%	57.1%
300〜499人	48.5%	51.5%
100〜299人	56.3%	43.7%
30〜99人	58.1%	41.9%
5〜29人	55.4%	44.6%

（出所：平成17年パートタイム労働者実態調査（（財）21世紀職業財団））

Q49　短時間労働者の通常労働者への転換推進規定は

Q50 短時間労働者に対する待遇の説明規定は

Answer Point

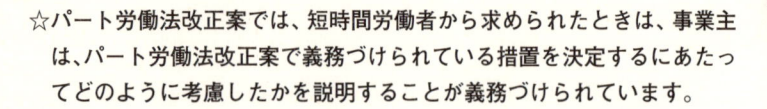

☆パート労働法改正案では、短時間労働者から求められたときは、事業主は、パート労働法改正案で義務づけられている措置を決定するにあたってどのように考慮したかを説明することが義務づけられています。

★パート労働法改正案で待遇について説明が必要な事項は

待遇決定について説明が必要な事項は、図表136の事項です。

【図表136　待遇についての説明事項】

待遇についての説明事項
- ① 労働条件に関する文書の交付等
- ② 通常労働者と同視すべき短時間労働者に対する差別的取扱いの禁止
- ③ 賃金についての均衡の確保
- ④ 教育訓練についての均衡の確保
- ⑤ 福利厚生についての均衡の確保
- ⑥ 通常労働者への転換の推進
- ⑦ 就業規則の作成手続

★「労働条件に関する文書の交付等」というのは

事業主は、短時間労働者を雇入れるときは、速やかに、その短時間労働者に対して、労働時間その他の労働条件に関する事項（労基法15条1項に規定する厚生労働省で定める事項を除く）を明らかにした文書を交付するように努めるものとする（パート労働法6条）と規定されています。図表136の①はこのことをさしています。

★「就業規則の作成手続」というのは

事業主は、短時間労働者に係る事項について就業規則を作成し、又は変更しようとするときは、その事業主において雇用する短時間労働者の過半数を代表すると認められるものの意見を聴くように努めるものとする（同7条）と規定されています。図表136の⑦は、このことをさしています。

Q51 短時間労働者の苦情処理・紛争解決援助規定は

Answer Point

☆パート労働法改正案では、次の①②が規定されています。
　①事業主は、短時間労働者から苦情の申出を受けたときは、自主的な解決に努めること。
　②短時間労働者と事業主との間で紛争が生じたときは、紛争解決援助システムを利用できること。

★紛争解決についての規定内容は

　紛争解決についての規定内容は、図表137のとおりです。

【図表137　紛争の自主的解決に関する規定】

項　目	説　　明
①苦情の自主解決	事業主は、図表138の事項に関し、短時間労働者から苦情の申出を受けたときは、苦情処理機関（事業主を代表する者及びその事業所の労働者を代表する者を構成員とするその事業所の労働者の苦情を処理するための機関をいう。）に対しその苦情の処理をゆだねる等その自主的な解決を図るように努めるものとする。
②紛争の解決の促進に関する特例	①の事項についての短時間労働者と事業主との間の紛争については、個別労働関係紛争の解決の促進に関する法律4条、5条及び12条から19条までの規定は適用せず、③及び④に定めるところによるものとする。
③紛争の解決の援助	a　都道府県労働局長は、②の紛争に関し、その紛争の当事者の双方又は一方からその解決につき援助を求められた場合には、紛争当事者に対し、必要な助言、指導又は勧告をすることができる。 b　事業主は、短時間労働者がaの援助を求めたことを理由として、その短時間労働者に対して解雇その他不利益な取扱いをしてはならない。
④調停	都道府県労働局長は、②の紛争について、紛争当事者の双方又は一方から調停の申請があった場合において紛争の解決のために必要があると認めるときは、個別労働関係紛争の解決の促進に関する法律6条第1項の紛争調整委員会に調停を行わせるものとする。

★事業主が苦情の自主的解決に努めなければならない事項は

　事業主が苦情の自主的解決に努めなければならない事項は、図表138の事項です。

　　　　　Q50　短時間労働者に対する待遇の説明規定は
　　　　　Q51　短時間労働者の苦情処理・紛争解決援助規定は

【図表138　事業主が解決に努めなければならない事項】

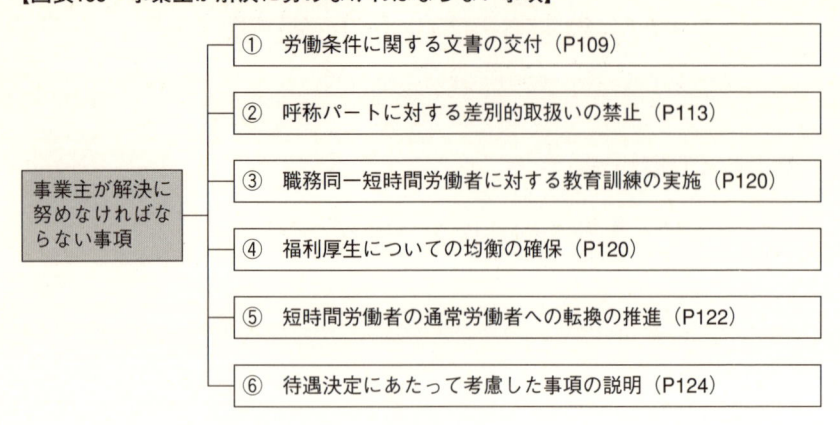

事業主が解決に努めなければならない事項
- ① 労働条件に関する文書の交付（P109）
- ② 呼称パートに対する差別的取扱いの禁止（P113）
- ③ 職務同一短時間労働者に対する教育訓練の実施（P120）
- ④ 福利厚生についての均衡の確保（P120）
- ⑤ 短時間労働者の通常労働者への転換の推進（P122）
- ⑥ 待遇決定にあたって考慮した事項の説明（P124）

★個別労働関係紛争解決システムの流れは

　個別労働関係紛争解決システムは、図表139の手順により、個々の事業主と労働者の間の労働条件、解雇、男女均等取扱い、セクハラなどに関する紛争（法律違反を除く）の解決が図られます（個別労働関係紛争解決促進法）。

【図表139　個別労働関係紛争解決システムの流れ】

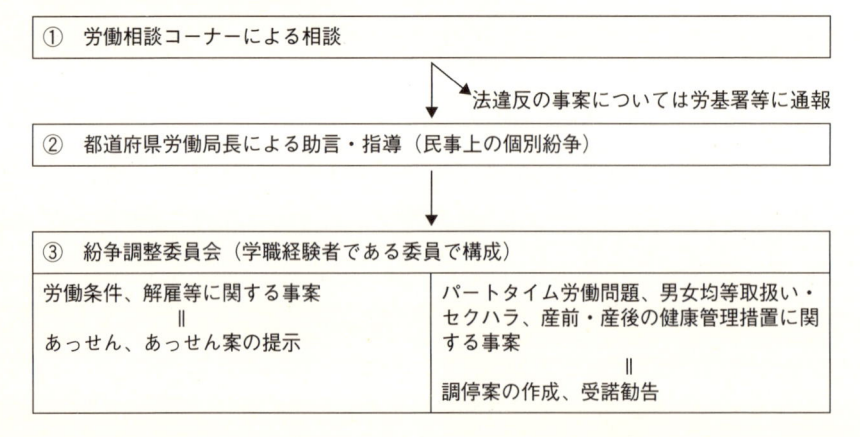

① 労働相談コーナーによる相談	
↓　法違反の事案については労基署等に通報	
② 都道府県労働局長による助言・指導（民事上の個別紛争）	
↓	
③ 紛争調整委員会（学職経験者である委員で構成）	
労働条件、解雇等に関する事案 ＝ あっせん、あっせん案の提示	パートタイム労働問題、男女均等取扱い・セクハラ、産前・産後の健康管理措置に関する事案 ＝ 調停案の作成、受諾勧告

　パート労働法改正案の規定により、このシステムの対象となるのは、図表138の紛争です。
　なお、労基法、最賃法など他の法律違反の事案については、労働基準監督署などその法律の施行事務を担当している各労働行政機関が法規定にもとづいて対処します。
　また、このシステムでは、労働組合と事業主の間の紛争や労働者同士の紛争は取り扱いません。

⑤　パート労働法改正案の改正ポイント

⑥ 最低賃金法改正案・雇用対策法改正案・雇用保険法改正案などの改正ポイント

現在会期中の通常国会には、最低賃金法、雇用対策法、地域雇用開発促進法、雇用保険法、労災保険法の各改正案も提出される予定です。
⑥では、これらの法律の概要を説明したうえで、改正案の改正ポイントについて解説しています。

Q52 最低賃金法ってなに・その概要は

Answer Point

☆最低賃金法は、最低賃金額を定め、使用者に守ることを義務づけたものです。

☆使用者は、正社員、パート・契約社員・日雇いなどのすべての従業員に対して法定の最低賃金額（時間給）以上の額の賃金を支払わなければなりません。

★最低賃金というのは

　最低賃金とは、最賃法で労働者の賃金の最低支払金額を定め、使用者に守ることを義務づけたものです。違反すると、罰則が科される制度です。

　最低賃金は、日本国内で働くすべての労働者に適用され、使用者は最低賃金額に満たない賃金で従業員を使用することはできません。

　最低賃金は都道府県ごとに、①地域別最低賃金（図表140）と②産業別の最低賃金（例えば、東京都内で勤務する場合については、図表141）とが時間額で決められています。

　ほぼ１年に１回の金額の改定が行われていますので、そのときどきの金額は、最寄りの労基署または都道府県労働局に問い合わせてください（以上、最賃法５条）。

★地域別最低賃金と産業別最低賃金の適用は

　例えば、東京都（図表141）のように、その都道府県について、産業別の最低賃金の定めがある場合、その産業で働いている労働者には、地域別最低賃金ではなく、その産業別の金額が適用されます。

　産業別最低賃金の定めのない場合は、各都道府県ごとの地域別最低賃金が適用されます。

　ただし、東京都内の事業場では、図表142の場合、18歳未満の者、65歳以上の者その他については、産業に関係なく、地域別最低賃金が適用されます。

★最低賃金は雇用形態等に関係ない

　その使用者が最低賃金額に満たない賃金しか払っていないことがわかると、労基署は使用者に対して、２年前までさかのぼって賃金の差額の支払いを命じます。

　仮に会社と労働者の間の労働契約で、最低賃金額未満の賃金額で働くことの合意があっても、その労働契約は無効です。この場合、最低賃金額と同じ合意をしたものとみなされます（最賃法15条２項）。

　また、最低賃金は、常用労働者だけでなく、パート、アルバイト、臨時、

【図表140　各都道府県の地域別最低賃金（時間額）（平成19年2月時点）】

北海道	644	千　葉	687	静　岡	682	島　根	614	長　崎	611
青　森	610	東　京	719	愛　知	694	岡　山	648	熊　本	612
岩　手	610	神奈川	717	三　重	675	広　島	654	大　分	613
宮　城	628	新　潟	648	滋　賀	662	山　口	646	宮　崎	611
秋　田	610	富　山	652	京　都	686	徳　島	617	鹿児島	611
山　形	613	石　川	652	大　阪	712	香　川	629	沖　縄	610
福　島	618	福　井	649	兵　庫	683	愛　媛	616		
茨　木	655	山　梨	655	奈　良	656	高　知	615		
群　馬	654	長　野	655	和歌山	652	福　岡	652		
埼　玉	687	岐　阜	675	鳥　取	614	佐　賀	611		

【図表141　東京都の地域別・産業別最低賃金（時間額）】

	最低賃金の名称	時間額（円）
地域別	東京都最低賃金	719円
産業別最低賃金	鉄鋼業	810円
	一般産業用機械・装置製造業	798円
	電気・情報通信・精密機械器具製造業	794円
	自動車・船舶・航空機・同付属製造業	797円
	出版業	794円
	各種商品小売	770円

【図表142　地域別最低賃金が適用される労働者（東京都の場合）】

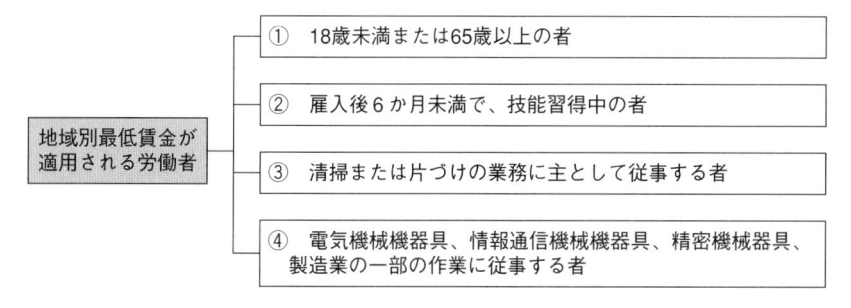

地域別最低賃金が適用される労働者
- ① 18歳未満または65歳以上の者
- ② 雇入後6か月未満で、技能習得中の者
- ③ 清掃または片づけの業務に主として従事する者
- ④ 電気機械機器具、情報通信機械機器具、精密機械器具、製造業の一部の作業に従事する者

日雇労働者にも適用されます。雇用形態、性別、国籍（日本人か外国人か）、不法就労者かどうかはまったく関係ありません。

Q53 最低賃金法改正案の主な改正点は

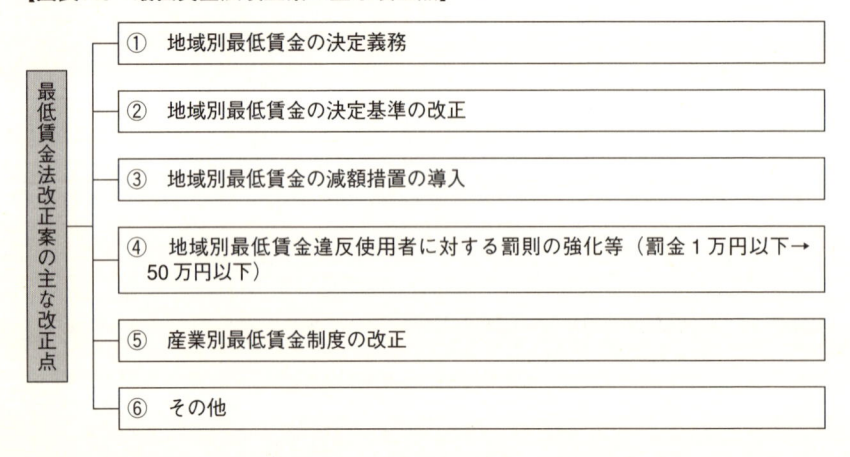

Answer Point

☆最賃法改正案の主な改正点は、次の3つです。
① 地域別最低賃金について、すべての労働者の賃金の最低限を保障する安全網としての役割を強化すること
② 地域別の最低賃金額の決定基準の見直しにあたっては、生活保護との整合性にも配慮することや罰則を強化すること
③ 産業別最低賃金については、関係労使のイニシアティブにより設定すること

★最低賃金法改正案の主な改正点は

最低賃金法改正案の主な改正点は、図表143のとおりです。

【図表143 最低賃金法改正案の主な改正点】

最低賃金法改正案の主な改正点	
①	地域別最低賃金の決定義務
②	地域別最低賃金の決定基準の改正
③	地域別最低賃金の減額措置の導入
④	地域別最低賃金違反使用者に対する罰則の強化等（罰金1万円以下→50万円以下）
⑤	産業別最低賃金制度の改正
⑥	その他

★地域別最低賃金の決定義務というのは

最低賃金法改正案で、新たに「国内の各地域ごとに、すべての労働者に適用される地域別最低賃金を決定しなければならない」ことが明確に規定されます。

現在も、各都道府県労働局がその都道府県内に働く労働者の地域別最低賃金を定め、ほぼ毎年、金額の改定を行っていますので、上述の新規定のとおりすでに実行されています。

★地域別最低賃金の決定基準の改正というのは

現行最賃法では、最低賃金の決定基準について、図表144のように定められています。最賃法改正案では、これに「地域における」が追加されます。

【図表144　最低賃金の決定基準の改正】

> （最低賃金の原則）
> 第3条　最低賃金は、地域における労働者の生計費、類似の労働者の賃金及び通常の事業の賃金支払能力を考慮して定められなければならない。

（注）アンダーラインは改正追加

★都道府県の金額が生活保護費を上回るように配慮される

図表144の「地域における労働者の生計費」については、生活保護費との整合性に配慮する必要があることが明確にされます。

現在、東京都、神奈川、大阪府など11都府県では、地域別最低賃金額が生活保護費よりも低くなっています。この規定の改正後行われる地域別最低賃金の改定にあたっては、上述の都道府県の金額が生活保護費を上回るように配慮されることになります。

(1) 最低賃金額の計算方法
　　地域別最低賃金額（時給）×1日8時間×22日＝月額賃金
(2) 生活保護支給額の計算方法
　　住居費の限度額＋生活費

★地域別最低賃金の減額措置の導入というのは

現行最賃法では、最低賃金の適用除外制度が設けられています。

雇用する労働者が図表145のいずれかに該当する場合は、使用者は申請により最低賃金の適用が除外され、運用措置により、都道府県労働局でその金額を下回る額が決められます。

この場合、使用者は労基署長経由で都道府県労働局に申請し、許可を受ける必要があります（最低賃金法）。

【図表145　最低賃金の適用除外者】

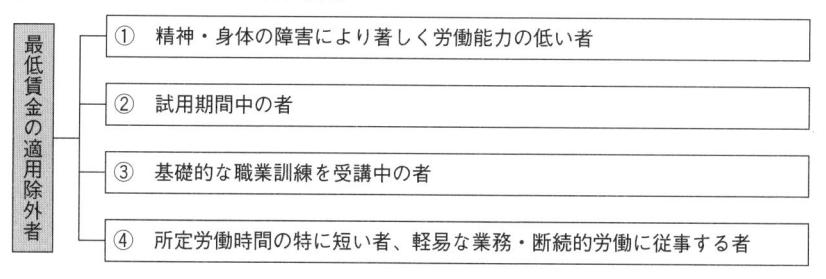

最低賃金の適用除外者
① 精神・身体の障害により著しく労働能力の低い者
② 試用期間中の者
③ 基礎的な職業訓練を受講中の者
④ 所定労働時間の特に短い者、軽易な業務・断続的労働に従事する者

Q53　最低賃金法改正案の主な改正点は

現在、適用除外対象者について運用により講じられている減額措置が、最賃法改正案にもとづくものに改められます。

★罰則の強化等というのは

地域別最低賃金の実効性確保の観点から、地域別最低賃金違反に係る罰金額を労基法24条（賃金支払いの5原則）違反よりも高い額に改正されます。

労働基準監督機関（労基署、都道府県労働局）に対する労働者の最低賃金法違反の申告及び申告に伴う不利益取扱いの禁止に係る規定が創設されます。

申告に伴う不利益取扱いの禁止に係る罰則が整備されます。

その他最低賃金法違反（周知義務違反（19条）、報告の義務違反等（35条）、臨検拒否等（38条1項））の罰則額が引き上げられます。

★産業別最低賃金制度の改正というのは

現在、厚生労働省では、各都道府県ごとに、一律の地域別最低賃金のみを残し、産業別最低賃金は徐々に縮小、廃止する方向で、毎年の改定がすすめられています。

その方針の延長として、図表146のような法制度に改正されます。

【図表146 法改正後の産業別最低賃金制度】

> 労働者又は使用者の全部又は一部を代表する者は、一定の事業又は職業について、厚生労働省令で定めるところにより、厚生労働大臣又は都道府県労働局長に対し、最低賃金の決定を申し出ることができる。
>
> 厚生労働大臣又は都道府県労働局長は、上述の申出があった場合において必要があると認めるときは、最低賃金審議会の意見を聴いて、一定の事業又は職業について、最低賃金の決定をすることができる。
>
> 一定の事業又は職業について決定された最低賃金については、最低賃金法の罰則の適用はないものとする。

つまり、改正後は、厚生労働本省と各都道府県労働局では、地域最低賃金の決定・改定は行いますが、特定最低賃金（現行の産業別最賃）の決定・改定については、原則として、行いません。

ただし、図表146のように関係労使代表者から申出があり、必要と認めた場合にのみ決定を行います。

決定された特定最低賃金に使用者が違反しても、労基署の監督・処罰はありません。

ただし、対象労働者が、民法の不法行為等の規定を根拠に裁判所に訴えて勝訴すれば、損害賠償を得ることはできます。

★その他の改正点は

最賃法改正案は、派遣労働者に係る最低賃金は、派遣先事業場の所在地の

都道府県の最低賃金額が適用されることになります。

法改正後は、例えば、東京都内の人材派遣会社Aから埼玉県の製造業B社に派遣された労働者Cについては、埼玉県の製造業の最低賃金が適用されます。現行法では、派遣社員の雇用主（派遣会社）の所在地である東京都内の地域別最低賃金が適用されています。

最低賃金の表示単位が時間額に一本化されます。

所定労働時間の特に短い者についての適用除外規定（図表145の④の一部）が削除されます。

★現行最賃法と改正法案を対比すると

最低賃金法と改正法案を対比すると、図表147のとおりです。

【図表147　現行最賃法と改正法案との対比】

項　目	現行最賃法	最賃法改正案
❶最低賃金額	時間、日、週又は月によって定める。	時間によって定める。
❷地域別最低賃金 （1）原則	①　地域別最低賃金は、地域における労働者の生計費、賃金、通常の事業の賃金支払能力を考慮して定めなければならない。	①　同左 ②　①の労働者の生計費を考慮するにあたっては、生活保護に係る施策との整合性に配慮するものとする。
（2）派遣中の労働者の地域別最低賃金の適用	雇用主（派遣会社）の所在地の地域別最低賃金を適用 　使用者が都道府県労働局長の許可を受けたときは、次の労働者については最低賃金を適用しない。 ①　精神・身体障害者 ②　試用期間中の者 ③　認定職業訓練受講者のうち一定の者 ④　軽易業務従事者その他	派遣先会社の所在地の地域別最低賃金を適用 ①〜④　同左
（3）地域別最低賃金の減額	実行上は減額措置を行っている。	使用者が、都道府県労働局長の許可受けたときは、労働者については、最低賃金を減額して適用できる。
❸産業別最低賃金	産業別最低賃金を決定	産業別最低賃金を廃止し、特定最低賃金制度を新設
❹労働協約による地域的最低賃金	制度あり	制度廃止
❺その他 （1）労働者の労基署等への法違反の申告・申告を理由とする不利益取扱いの禁止	規定なし	規定新設
（2）地域別最低賃金を支払わない使用者に対する罰則	1万円以下の罰則	50万円以下の罰金

Q54 現行雇用対策法の全体像・規定内容・改正法案との対比は

Answer Point

☆雇用対策法は、日本政府の雇用対策についての基本法です。
☆雇用対策法の下に職業安定法、職業能力開発促進法、労働者派遣法、雇用保険法その他の法律が定められています。

★雇用対策法の全体像は

現行雇用対策法は、図表148のように7章で構成されています。

【図表148　雇用対策法の構成】

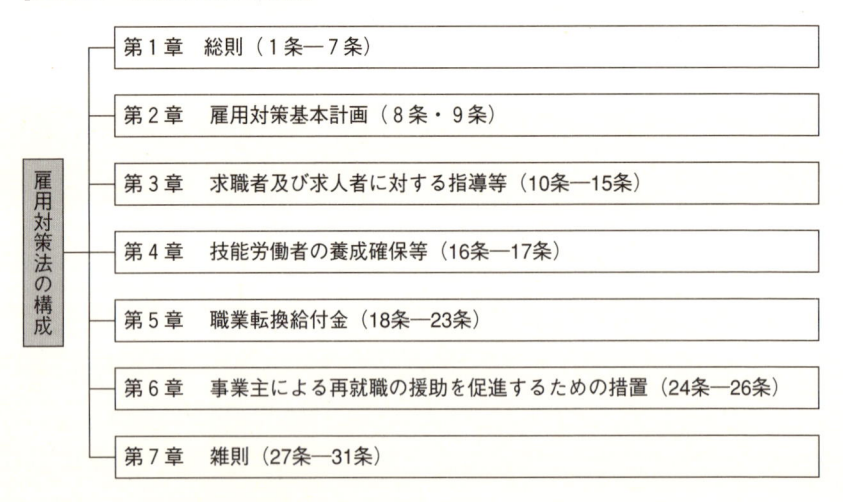

雇用対策法の構成
- 第1章　総則（1条—7条）
- 第2章　雇用対策基本計画（8条・9条）
- 第3章　求職者及び求人者に対する指導等（10条—15条）
- 第4章　技能労働者の養成確保等（16条—17条）
- 第5章　職業転換給付金（18条—23条）
- 第6章　事業主による再就職の援助を促進するための措置（24条—26条）
- 第7章　雑則（27条—31条）

★募集・採用の際の年齢制限の排除というのは

現行雇用対策法と大臣指針により、「事業主は、募集・採用にあたって、職業紹介機関や求職者などに、その募集が図表149の10ケースのいずれかに該当することを説明した場合を除き、労働者の年齢制限を理由として、募集・採用の対象から排除しないように努めること」が規定されています（雇対法7条、12条）。

この規定により、合理的な理由のない年齢制限が厳しく排除されるようになりました。

【図表149　10のケースのいずれかに該当することを説明した場合を除きとは】

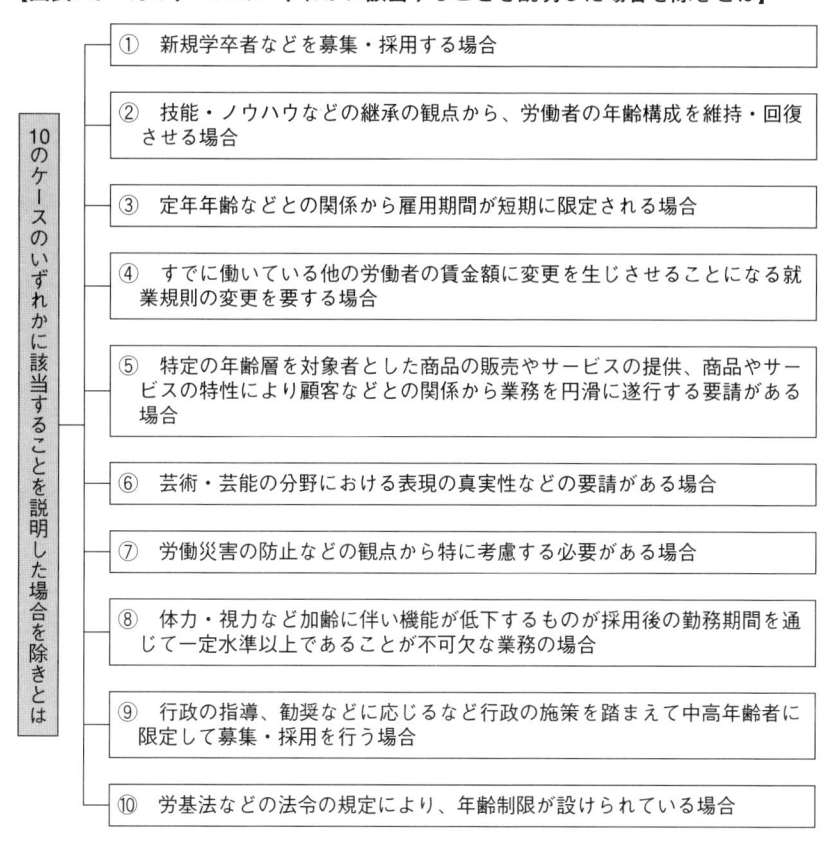

10のケースのいずれかに該当することを説明した場合を除きとは
- ① 新規学卒者などを募集・採用する場合
- ② 技能・ノウハウなどの継承の観点から、労働者の年齢構成を維持・回復させる場合
- ③ 定年年齢などとの関係から雇用期間が短期に限定される場合
- ④ すでに働いている他の労働者の賃金額に変更を生じさせることになる就業規則の変更を要する場合
- ⑤ 特定の年齢層を対象者とした商品の販売やサービスの提供、商品やサービスの特性により顧客などとの関係から業務を円滑に遂行する要請がある場合
- ⑥ 芸術・芸能の分野における表現の真実性などの要請がある場合
- ⑦ 労働災害の防止などの観点から特に考慮する必要がある場合
- ⑧ 体力・視力など加齢に伴い機能が低下するものが採用後の勤務期間を通じて一定水準以上であることが不可欠な業務の場合
- ⑨ 行政の指導、勧奨などに応じるなど行政の施策を踏まえて中高年齢者に限定して募集・採用を行う場合
- ⑩ 労基法などの法令の規定により、年齢制限が設けられている場合

★現行雇用対策法と改正法案を比べると

現行雇用対策法と改正法案を比べると、図表150のとおりです。

【図表150　現行の雇用対策法等と改正法案等との対比】

項　　目	現行雇用対策法等	雇用対策法改正案等
❶ 国の施策	7項目を規定	女性・青少年・障害者・外国人の施策等9項目を追加または改正
❷ 事業主の責務の指針の作成・公表	規定なし	規定新設
❸ 雇用対策基本計画	国が策定する旨の規定あり	規定削除
❹ 事業主の外国人雇用状況の届出義務	規定なし	規定新設

Q54　現行雇用対策法の全体像・規定内容・改正法案との対比は

Q55 雇用対策法・地域雇用開発促進法改正案の主な改正点は

Answer Point

☆雇用対策法改正案では、若者、女性、高齢者、障害者、外国人等の就業促進対策及び地域雇用対策の充実を図ることを国の重要な施策とすることが追加規定されます。

☆現在、地域雇用開発促進法の地域類型は、図表153のとおり4つですが、改正法案ではこれが2つに再編成されます。

★雇用対策法・地域雇用開発促進法改正法案の改正ポイントは

雇用対策法改正法案の改正ポイントは、図表151のとおりです。

【図表151 雇用対策法・地域雇用開発促進法改正案の改正ポイント】

雇用対策法・地域雇用開発促進法改正案の改正ポイント
- ① 雇用対策法の目的の追加（雇用対策法1条）
- ② 国の施策の追加（雇用対策法4条）
- ③ 若者の雇用機会の確保等についての事業主の努力義務規定及び指針の策定（雇用対策法7条）
- ④ 地域雇用開発促進法の地域類型の再編成

★雇用対策法の法目的の追加というのは

雇用対策法1条の目的に「働く希望を持つすべての人の就労促進」が追加されます。

★国の施策の追加というのは

雇用対策法4条1項（国の施策）に若者、女性、高齢者、障害者等の就業促進対策や地域雇用対策について、図表152のような方向で施策の充実を図ることを国の重要な施策として、位置づけるため、規定が追加されます。

★若者の雇用機会の確保等に係る事業主の努力義務規定及び指針の策定とは

現行法における、図表152の再就職の援助、募集・採用時の年齢層の緩和についての事業主の努力義務規定に、「若者の能力を正当に評価するための募集方法の改善、実践的な教育訓練の実施その他の雇用管理の改善を図ることにより、雇用機会の確保等を図ること」が加えられます。

【図表152 雇用対策法の国の施策の追加事項】

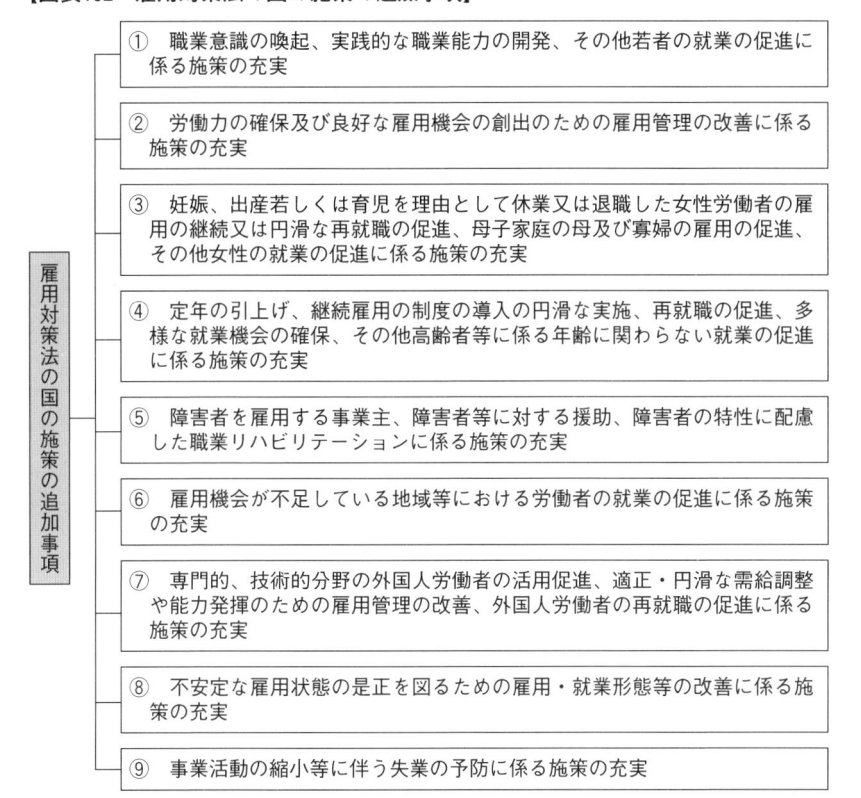

雇用対策法の国の施策の追加事項
- ① 職業意識の喚起、実践的な職業能力の開発、その他若者の就業の促進に係る施策の充実
- ② 労働力の確保及び良好な雇用機会の創出のための雇用管理の改善に係る施策の充実
- ③ 妊娠、出産若しくは育児を理由として休業又は退職した女性労働者の雇用の継続又は円滑な再就職の促進、母子家庭の母及び寡婦の雇用の促進、その他女性の就業の促進に係る施策の充実
- ④ 定年の引上げ、継続雇用の制度の導入の円滑な実施、再就職の促進、多様な就業機会の確保、その他高齢者等に係る年齢に関わらない就業の促進に係る施策の充実
- ⑤ 障害者を雇用する事業主、障害者等に対する援助、障害者の特性に配慮した職業リハビリテーションに係る施策の充実
- ⑥ 雇用機会が不足している地域等における労働者の就業の促進に係る施策の充実
- ⑦ 専門的、技術的分野の外国人労働者の活用促進、適正・円滑な需給調整や能力発揮のための雇用管理の改善、外国人労働者の再就職の促進に係る施策の充実
- ⑧ 不安定な雇用状態の是正を図るための雇用・就業形態等の改善に係る施策の充実
- ⑨ 事業活動の縮小等に伴う失業の予防に係る施策の充実

さらに、国は事業主が適切に対処するために必要な指針（大臣告示）を策定することが規定されます。

★地域雇用開発促進法改正案の改正内容は

現在、地域雇用開発促進法の地域類型は、図表153の４つです。これが図表153の２つに再編成されます。

そして、これらの地域における事業主への助成や、市町村等の創意を生かした委託事業等が行われることが規定されます。

【図表153 地域雇用開発促進法の地域類型の現行と改正案の比較】

現　行　法	改　正　法　案
① 雇用機会増大促進地域 ② 求職活動援助地域 ③ 能力開発就職促進地域 ④ 高度技能活用雇用安定地域	① 雇用開発促進地域（仮称）（雇用情勢が特に厳しい地域） ② 雇用創造推進地域（仮称）（雇用創造に向けた市町村等の意欲の高い地域）

Q56 雇用保険法改正案の主な改正点・施行日は

Answer Point

☆労働者の雇用・就業形態の多様化がより一層進展していることなどから、短時間労働被保険者の資格区分をなくし、一般被保険者として通常被保険者と一本化するなどの改正を行います。

★雇用保険法改正案の主な改正点は、

雇用保険法改正案の主な改正点は、図表154のとおりです。

雇用保険給付一覧のうち改正されるのは、図表155の▨部分です。

【図表154　雇用保険法改正案の主な改正点】

雇用保険法改正案の主な改正点
- ❶ 雇用保険料の引下げ
  失業等給付の弾力料率を±0.2％から0.4％に拡大。平成19年度からの料率は1.6％から1.2％に引き下げる。
- ❷ 被保険者資格区分の改正
  短時間労働被保険者の資格区分を廃止し、一般被保険者として通常被保険者と1つの区分にする。
- ❸ 被保険者の基本手当の受給資格要件を次のとおりとする。
  ① 特定受給資格者（解雇、倒産等による離職者）→被保険者期間6か月・月11日以上勤務した者
  ② 特定受給資格者以外の者（自己都合離職者、契約期間満了者、定年退職者等）→12か月・月11日以上勤務した者
- ❹ 特例一時金の改正
  特例一時金の支給額を、現行の基本手当日額の50日相当分から30日相当分にする。
- ❺ 教育訓練給付金の適正化等
  ① 偽りその他不正の行為により失業等給付を受給した者と連帯して不正受給額の返還または納付額の納付を命じられる対象として、偽りの証明等をした教育訓練給付金について教育訓練を行った者を追加する。
  ② 初めて教育訓練給付金をもらう人は、被保険者期間（勤務期間）が1年以上でもらえる。
- ❻ 育児休業給付金の改正
  ① 育児休業基本給付金を受給した期間を、基本手当の所定給付日数を決める際の被保険者期間から除外する。
  ② 育児休業職場復帰給付金の額を、休業前賃金の10％から20％に引き上げる。

★雇用保険法改正案の施行日は

雇用保険法改正案の施行日は、図表154の❶は平成19年4月1日から、❷、

138　⑥　最低賃金法改正案・雇用対策法改正案・雇用保険法改正案などの改正ポイント

【図表155　雇用保険の給付一覧（失業者・在職者に対するもの）】

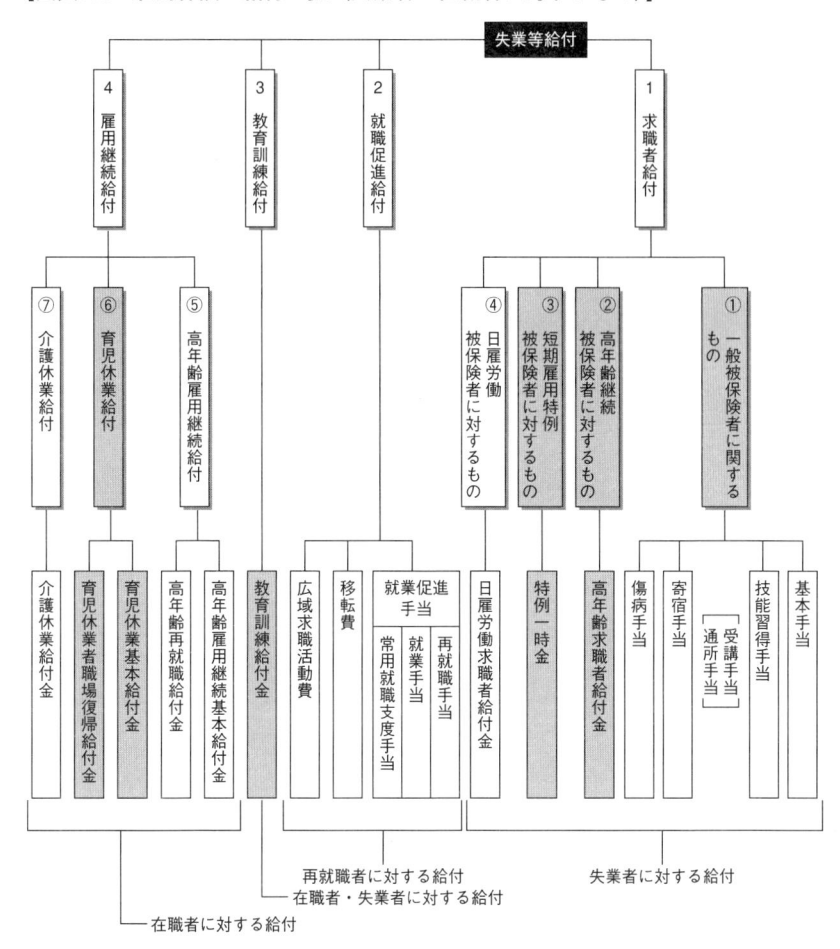

```
                                    失業等給付
        ┌──────────┬──────────┬──────────┬──────────┐
        4          3          2                     1
     雇用継続     教育訓練    就職促進              求職者
      給付        給付        給付                  給付
   ┌───┬───┬───┐                ┌────┬────┬────┬────┐
   ⑦   ⑥   ⑤                   ④    ③    ②    ①
  介護  育児  高年齢              日雇  短期  高年齢 一般
  休業  休業  雇用                労働  雇用  継続  被保険者
  給付  給付  継続                被保険 特例  被保険 に関する
              給付                者に  被保険 者に  もの
                                  対する 者に  対する
                                  もの  対する もの
                                        もの
```

| 在職者に対する給付 | 再就職者に対する給付 | 在職者・失業者に対する給付 | 失業者に対する給付 |

- 介護休業給付金
- 育児休業者職場復帰給付金
- 育児休業基本給付金
- 高年齢再就職給付金
- 高年齢雇用継続基本給付金
- 教育訓練給付金
- 広域求職活動費
- 移転費
- 就業促進手当（常用就職支度手当／就業手当／再就職手当）
- 日雇労働求職者給付金
- 特例一時金
- 高年齢求職者給付金
- 傷病手当
- 寄宿手当
- 技能習得手当［受講手当／通所手当］
- 基本手当

❸、❹、❺の②については平成19年10月１日からです。❻については平成19年４月１日からです。

★短期雇用特例被保険者に対する特定一時金の改正というのは

　短期雇用特例被保険者とは、季節的に雇用される人、または短期の雇用に就くことを常態とする人のことをいいます。

　現行雇用保険法では、短期雇用特例被保険者が失業した場合には、季節的に就業、不就業を繰り返すなどの生活実態を考慮して、基本手当の50日分に相当する「特例一時金」が支給されます（雇保法38条）。

　法改正により「50日分」が「30日分」となります。ただし、当分の間は「40日分」が支給されます。

Q57 雇用保険法改正案で改正される被保険者資格区分は

Answer Point

☆現行雇用保険法では、労働者が会社に採用され、雇用保険に加入する(被保険者になる)と、その労働者の勤務形態(正社員、パート、季節労働者、日雇)により図表156の6種類のうちいずれかの種類の被保険者となります。

☆雇用保険法の改正により、図表156のうち「❷短時間労働被保険者」と「❹高年齢短時間労働被保険者」の2つの資格が廃止されます(図表156)。

★被保険者資格というのは

　労働者は、会社に雇用され、雇用保険に加入する時点で、正社員、季節労働者等の雇用形態により、図表156のうちいずれかの被保険者資格に決定されます。

　どの被保険者資格になるかによって、失業した場合にもらえる雇用保険の給付内容が異なります(図表156)。

★一般被保険者(図表156の❶)というのは

　一般被保険者とは、①65歳未満であり、②1週間の所定労働時間が20時間以上の被保険者です。

　なお、65歳を過ぎると、新たに一般被保険者になれません。

　一般被保険者が会社を辞めて失業状態になると「基本手当」が支給されます。その手当の日額は、退職前の6か月間にもらっていた賃金の45~80%です。

　給付日数は、会社を辞めた理由、雇用保険に加入していた期間(被保険者期間)の長さに応じて90日分~360日分です。

　基本手当をもらっている人が公共職安所長の指示により、公共職業訓練等を受講すると、当初の所定給付日数分をもらい終わった後も、訓練修了まで基本手当をもらい続けることができます。

★短時間労働被保険者(図表156の❷)というのは

　短時間労働被保険者とは、①一般被保険者のうち、②1週間の所定労働時間が20時間以上30時間未満の人です。これが、今回の改正法案により廃止されます。

⑥　最低賃金法改正案・雇用対策法改正案・雇用保険法改正案などの改正ポイント

短時間労働被保険者が失業した場合に、一般被保険者と同様に「基本手当」が支給され、「訓練延長給付」も受けられます。

★高年齢継続被保険者（図表156の❸）というのは

高年齢継続被保険者とは、同一の適用事業主に、65歳に達した日の前日以前から65歳に達した日以後も引き続き雇用されている人などです。

これらの人が失業した場合には、高齢であり職業を引退する過程にあることを考慮し、「高年齢求職者給付金」（一時金）のみが支給されます。

支給額は、被保険者であった期間が1年未満の者は基本手当の30日分、1年以上の者は50日分に相当する額です。

★高年齢短時間労働被保険者（図表156の❹）というのは

高年齢短時間労働被保険者とは、①高年齢継続被保険者のうち、②1週間の所定労働時間が20時間以上30時間未満の人のことです。これらの人が失業した場合には、前記高年齢継続被保険者と同じく「高年齢求職者給付金」（一時金）が支給されます。これが、今回の法改正により廃止されます。

★短期雇用特例被保険者（図表156の❺）というのは

短期雇用特例被保険者とは、季節的に雇用される人、または短期の雇用に就くことを常態とする人のことをいいます。

これらの人が、同一の事業主に引き続き1年以上雇用されるようになったときは、その日から一般被保険者または高年齢継続被保険者となります。

短期雇用特例被保険者が失業した場合には、季節的に就業、不就業を繰り返すなどの生活実態を考慮して、基本手当の50日分に相当する「特例一時金」のみが支給されます。

★日雇労働被保険者（図表156の❻）というのは

日雇労働被保険者というのは、日々雇い入れられる人や、30日以内の期間を定めて雇い入れられる人のことです。

これらの人が失業した場合には、失業した日ごとに「日雇労働求職者給付金」が支給されます。

★一般被保険者の基本手当の受給手順は

一般被保険者の基本手当の受給手順は、図表157のとおりです。

【図表156　現行雇用保険の被保険者の資格の種類と給付内容】

被保険者の種類	要件	給付内容
❶ 一般被保険者	①65歳未満で、②1週間の所定労働時間が20時間以上の人（下記❸〜❻以外の人）	基本手当 ・日額：前職賃金の45〜80％ ・給付日数：90日〜360日
❷ （廃止）短時間労働被保険者	①上記❶の一般被保険者のうち、②1週間の所定労働時間20時間以上30時間未満の人	
❸ 高年齢継続被保険者	同一の事業主に、65歳の誕生日の前日以前から、65歳になった日以後も引き続いて雇用されている人（下記の❺と❻の人を除く）	・高年齢求職者給付金（一時金のみ） ・被保険者期間1年未満の者：基本手当の30日分 ・1年以上の者：50日分
❹ （廃止）高年齢短時間労働被保険者	①上記❸の高年齢継続被保険者のうち、②1週間の所定労働時間が20時間以上30時間未満の人	
❺ 短期雇用特例被保険者	①季節的に雇用される人、または②短期の雇用に就くことを常態とする人	・特例一時金のみ支給 ・基本手当の50日分相当額
❻ 日雇労働被保険者	①日々雇用される人、または②30日以内の期間を定めて雇用される人	・日雇労働求職者給付金 ・失業日ごとに支給

【図表157　一般被保険者の基本手当の受給手順】

受給手順	説　明
(1) 会社を退職する	会社を辞めた人が公共職業安定所（ハローワーク）で手続をする際には、「雇用（失業）保険被保険者証」と「雇用保険被保険者離職票1・2」が必要になります。 「被保険者証」を会社に預けてある場合には、返してもらってください。また、「離職票」はできるだけ早く自宅に送ってくれるよう頼んでおきます。
(2) 会社から離職票が届く	離職票は、通常、会社を辞めたのち1週間前後に、会社から退職者の自宅に送られてきます。
(3) ハローワークに行って受給手続をする	離職者は、自分の住所地を担当するハローワークに行き、受給資格決定の手続をして、基本手当をもらう資格があることを決めてもらいます。 「雇用保険被保険者証」と「雇用保険被保険者離職票1・2」、その他の書類と印鑑を持参します。この日が「受給資格決定日」となります。
(4) 待期期間（7日間）をすごす	受給資格決定日から7日間は「待期期間」といいます。この期間は、受給資格者が失業状態にあることを確認するために設けられています。
(5) ハローワークの雇用保険受給説明会に出席する	これは、初めて雇用保険をもらう人を1か所に集めて行う説明会です。待期期間（7日間）を終了した1〜2週間後に行われます。
(6) 第1回失業認定日にハローワークへ行く	基本手当は失業者に対して支払うものです。そこでハローワークでは、あなたが、「失業状態にあるか否か」、具体的には、①就職、就労、自営、内職手伝いなどを行ったか否か、②積極的に求職活動を行ったか否かを確認します。それを行う日が「失業認定日」です。 これ以降は、①倒産・解雇等による退職者か、②自己都合退職者かで取扱いが異なります。ハローワーク職員の指示にしたがってください。

Q58 基本手当の受給資格要件の改正内容は

Answer Point

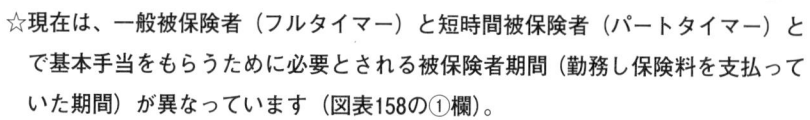

☆労働者は、一定期間勤務し、雇用保険料を支払っていると、失業した場合に、基本手当をもらえます。

☆現在は、一般被保険者（フルタイマー）と短時間被保険者（パートタイマー）とで基本手当をもらうために必要とされる被保険者期間（勤務し保険料を支払っていた期間）が異なっています（図表158の①欄）。

☆雇用保険法の改正により、その労働者の退職理由（特定受給資格者であるか否か）により、基本手当をもらうために必要な被保険者期間が異なるように改められます（図表158の②欄）。

★基本手当の受給資格要件の改正点は

基本手当の受給資格要件の改正点について、現行と対比して示すと、図表158のとおりです。改正法案では、離職理由によって2分されます。

【図表158 基本手当の受給資格要件の改正点】

現　行　法	改　正　法　案
①「一般被保険者」または「高年齢継続被保険者」であった者（②の者を除く） 　離職の日以前1年間に、賃金支払いの基礎となった日数14日以上の月が6か月以上あり、かつ、雇用保険に加入していた期間が満6か月以上あること。	①　離職理由が企業倒産・解雇等である者（特定受給資格者） 　離職の以前1年間に、雇用保険に加入していた期間が6か月以上であること
②「短時間労働被保険者」または「高年齢短時間労働被保険者」であった者 　離職の日以前2年間に、賃金支払いの基礎となった日数11日以上の月が12か月以上あり、かつ、雇用保険に加入していた期間が満12か月以上あること。	②「①特定受給資格者」以外の者 　離職の日以前2年間に、雇用保険に加入していた期間が12か月以上であること。 （①、②について1か月に賃金支払いの基礎となる日が11日以上である期間を1か月として計算します。）

★基本手当というのは

現行法では、雇用保険の被保険者（労働者）が失業した場合には、離職前6か月間の賃金の45～80％の基本手当を90日～360日間、公共職業安定所（ハ

ローワーク）から支給されます。

★基本手当の所定給付日数は

現行法では、一般被保険者と短時間労働被保険者は、失業すると、1日単位で基本手当の支給を受けることができます。

その日数は、図表159に示すように決まっています。

【図表159　基本手当の所定給付日数＝一般被保険者・短時間労働被保険者共通】

❶　倒産・解雇などによる離職者（❸の者を除く）

区分＼被保険者であった期間	1年未満	1年以上5年未満	5年以上10年未満	10年以上20年未満	20年以上
30歳未満	90日	90日	120日	180日	—
30歳以上45歳未満	90日		180日	210日	240日
35歳以上45歳未満	90日		180日	240日	270日
45歳以上60歳未満	90日	180日	240日	270日	330日
60歳以上65歳未満	90日	150日	180日	210日	240日

❷　自己都合・定年退職などによる離職者（❸の者を除く）

区分＼被保険者であった期間	1年未満	1年以上5年未満	5年以上10年未満	10年以上20年未満	20年以上
全年齢		90日	90日	120日	150日

❸　就職困難者（身体・知的障害者ほか）

区分＼被保険者であった期間	1年未満	1年以上5年未満	5年以上10年未満	10年以上20年未満	20年以上
45歳未満	150日	300日	300日	300日	300日
45歳以上65歳未満	150日	360日	360日	360日	360日

★特定受給資格者というのは

特定受給資格者とは、離職者が、倒産・解雇その他会社側の対応により再就職の準備をする時間的余裕がなく離職を余儀なくされた受給資格者（具体的には、図表160の「特定受給資格者の判断基準」に該当する者）のことをいいます。

改正法案では、特定受給資格者に該当するか否かで、基本手当をもらうために必要とされる被保険者期間が図表160のように異なります。

【図表160　特定受給資格者の判断基準に該当する者】

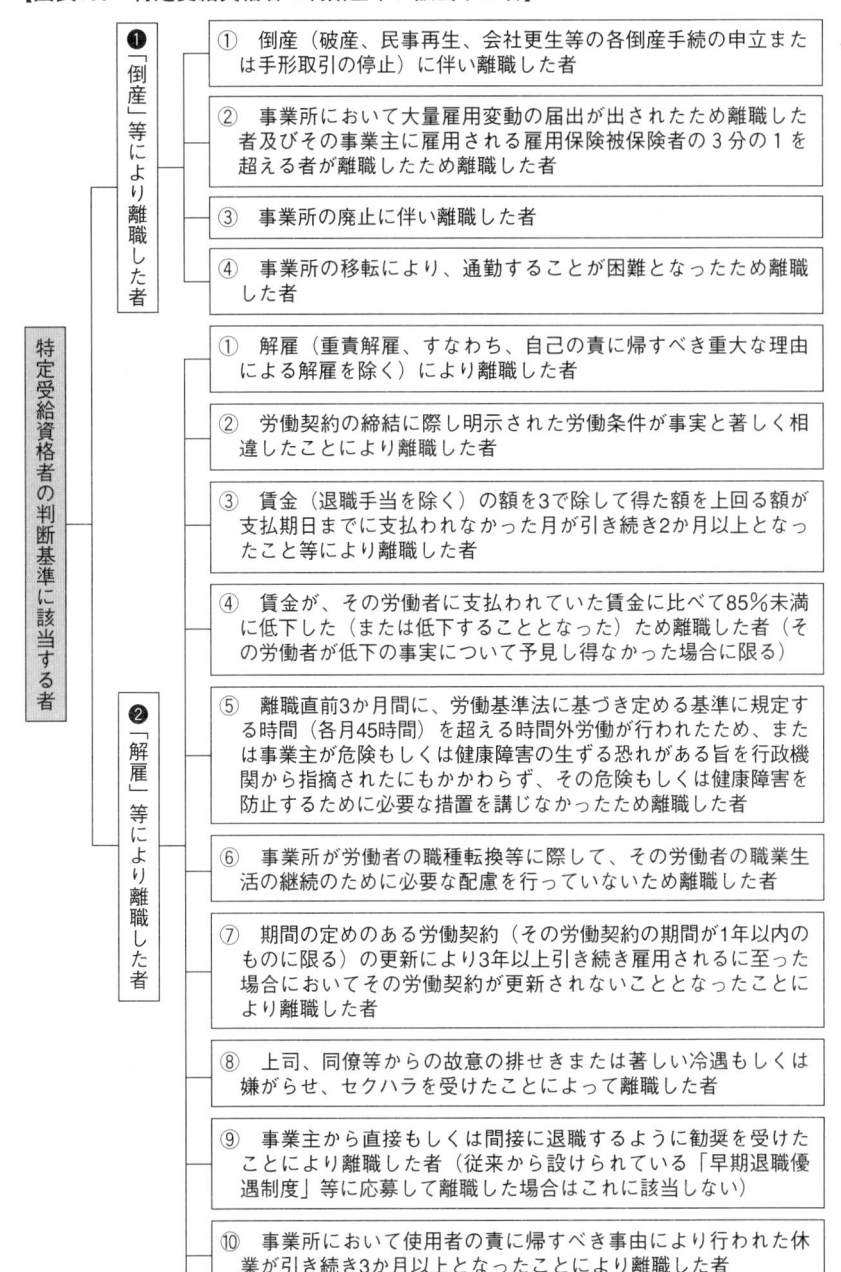

特定受給資格者の判断基準に該当する者
- ❶「倒産」等により離職した者
  - ① 倒産（破産、民事再生、会社更生等の各倒産手続の申立または手形取引の停止）に伴い離職した者
  - ② 事業所において大量雇用変動の届出が出されたため離職した者及びその事業主に雇用される雇用保険被保険者の3分の1を超える者が離職したため離職した者
  - ③ 事業所の廃止に伴い離職した者
  - ④ 事業所の移転により、通勤することが困難となったため離職した者
- ❷「解雇」等により離職した者
  - ① 解雇（重責解雇、すなわち、自己の責に帰すべき重大な理由による解雇を除く）により離職した者
  - ② 労働契約の締結に際し明示された労働条件が事実と著しく相違したことにより離職した者
  - ③ 賃金（退職手当を除く）の額を3で除して得た額を上回る額が支払期日までに支払われなかった月が引き続き2か月以上となったこと等により離職した者
  - ④ 賃金が、その労働者に支払われていた賃金に比べて85％未満に低下した（または低下することとなった）ため離職した者（その労働者が低下の事実について予見し得なかった場合に限る）
  - ⑤ 離職直前3か月間に、労働基準法に基づき定める基準に規定する時間（各月45時間）を超える時間外労働が行われたため、または事業主が危険もしくは健康障害の生ずる恐れがある旨を行政機関から指摘されたにもかかわらず、その危険もしくは健康障害を防止するために必要な措置を講じなかったため離職した者
  - ⑥ 事業所が労働者の職種転換等に際して、その労働者の職業生活の継続のために必要な配慮を行っていないため離職した者
  - ⑦ 期間の定めのある労働契約（その労働契約の期間が1年以内のものに限る）の更新により3年以上引き続き雇用されるに至った場合においてその労働契約が更新されないこととなったことにより離職した者
  - ⑧ 上司、同僚等からの故意の排せきまたは著しい冷遇もしくは嫌がらせ、セクハラを受けたことによって離職した者
  - ⑨ 事業主から直接もしくは間接に退職するように勧奨を受けたことにより離職した者（従来から設けられている「早期退職優遇制度」等に応募して離職した場合はこれに該当しない）
  - ⑩ 事業所において使用者の責に帰すべき事由により行われた休業が引き続き3か月以上となったことにより離職した者
  - ⑪ 事業所の業務が法令に違反したため離職した者

Q59 教育訓練給付金の適正化等の改正内容は

Answer Point

☆教育訓練給付金の支給の適正化を図るなどのため、偽りの証明をした教育訓練機関への返還命令など、3点の改正を行います。

★教育訓練給付金にかかわる改正点は

教育訓練給付金にかかわる改正点は、図表161の3点です。

【図表161　教育訓練給付金の適正化等のための改正】

教育訓練給付金の適正化等のための改正
- ① 偽りの証明を行った教育訓練機関への返還命令等
- ② 教育訓練機関からの報告徴収
- ③ 教育訓練給付金の受給資格要件の誓定的緩和

★教育訓練給付金の目的は

教育訓練給付金は、在職者または離職者の自主的な能力開発の取組みを国が支援するために設けられています。

勤続期間（被保険者期間）が3年以上の在職労働者または離職者が、キャリア向上のために教育訓練や講習を受講し、修了した場合に支給されます（図表163）。

★支給対象者は

教育訓練給付金は、図表162の①または②のいずれかに該当する人であって、厚生労働大臣の指定する教育訓練を受講し、修了した人に支給されます。

なお、教育訓練を中途でやめた人には、いっさい支給されません。

【図表162　支給対象者】

支給対象者
- ① 受講開始日に在職中であり、勤続期間（雇用保険の加入期間）が3年以上である人
- ② 受講開始日において離職者（離職の日から1年以内）であって、勤続期間（雇用保険の加入期間）が3年以上であった人

【図表163　教育訓練給付金を受給できる人】

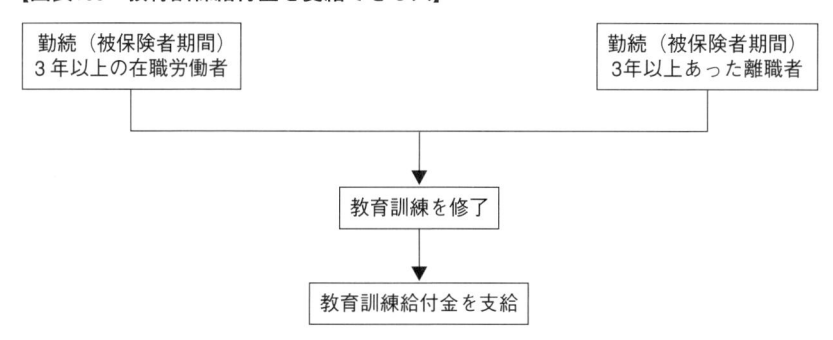

```
┌──────────────────┐              ┌──────────────────┐
│ 勤続（被保険者期間）│              │ 勤続（被保険者期間）│
│ 3年以上の在職労働者 │              │ 3年以上あった離職者 │
└─────────┬────────┘              └─────────┬────────┘
          └────────────┬────────────────────┘
                       ▼
              ┌──────────────┐
              │ 教育訓練を修了 │
              └──────┬───────┘
                     ▼
           ┌────────────────────┐
           │ 教育訓練給付金を支給 │
           └────────────────────┘
```

★妊娠、疾病等により教育訓練を受講できない人についての給付期間の延長は

　一般被保険者であった人（会社を辞めた人）については、辞めた日の翌日から1年以内に妊娠、出産、育児、疾病、負傷等の理由により教育訓練を受けることができない旨を公共職業安定所長に申し出た場合には、1年にその理由により教育訓練を受講できない日数を加えた期間（最長4年）内に教育訓練を受け、終了した場合も、教育訓練給付金を受給できます。

★基本手当受給者の利用も可能

　雇用保険の基本手当を受給している人であっても、①被保険者期間が3年以上で、②離職後1年以内であれば、この給付金をもらうことはできます。

★教育訓練給付金の支給額は

　受講者が、厚生労働大臣の指定する教育訓練や講習を修了した場合、その受講のために受講者本人が教育訓練施設に対して支払った教育訓練経費の40％（勤続3年以上5年未満の場合は20％）に相当する額を、「教育訓練給付金」として公共職業安定所（ハローワーク）から支給します。

　ただし、その金額が20万円を超える場合の支給額は20万円（勤続3年以上5年未満の場合は10万円）とし、8,000円を超えない場合は支給されません。

　この制度では、情報処理技術者資格、簿記検定、社会保険労務士資格などを目指す講座や、ホワイトカラーの専門的知識・能力の向上に役立つ講座など、働く人の職業能力アップを支援する多彩な講座が指定されています。指定内容は、「厚生労働大臣指定教育訓練講座一覧」にまとめられており、公共職業安定所で閲覧できます。

　給付金の支給対象となるのは、教育訓練経費の受講に必要な入学料および受講料（最大1年分）です。受講料には、受講費のほか、受講に必要な教科書代等を含みます。

ただし、検定試験受験料、補助教材費、受講費、交通費、器材費（パソコン等）は含まれません。
　また、クレジット会社に対する手数料、支給申請時点での未納の額も含まれません。

★教育訓練給付金の支給手続は
　その労働者の住居地を担当する公共職業安定所に、教育訓練の受講修了の翌日から起算して1か月以内に支給申請手続を行うことが必要です。
　申請には、次の(1)～(3)の書類等が必要です。
(1)　教育訓練給付金支給申請書
(2)　教育訓練修了証明書
(3)　教育訓練に支払った費用の額を証明する書類

★改正点①／教育訓練機関への返還命令等というのは
　現行雇用保険法で、偽りその他不正の行為により失業等給付の支給を受けた者に対して、政府はその給付の返還を命ずることができます。
　また、一定の場合には、受給額の2倍までの納付を命ずることができます（雇保法10条の4）。
　この法規定を改正し、「偽りの証明等をした教育訓練給付に係る教育訓練を行った者（機関）」についても、不正受給者と連帯して不正受給額の返還または納付を命じられる対象に加えられます。

★改正点②／教育訓練機関からの報告徴収というのは
　現行雇用保険法により、行政庁（公共職業安定所、都道府県労働局等）は、雇用保険の受給資格者、受給資格者を雇用しようとする事業主、職業紹介機関等に対して、同法の施行に関して、必要に応じ、報告、文書の提出、出頭を命じることができます（雇保法76条1項、2項）。
　今回の改正法案により、報告徴収の対象に、「教育訓練給付金に係る教育訓練機関」が加えられます。

★改正点③／受給資格要件の暫定的緩和措置というのは
　現行雇用保険法では、教育訓練給付金をもらうためには、被保険者期間（勤務期間）が3年以上あることが必要です（雇保法60条の2）。
　今回の改正法案により、当分の間、これまでに1回も教育訓練給付金を受けたことがない者に限り、教育訓練を開始した日までの間に被保険者期間が1年以上あれば、教育訓練給付金の支給を受けることができるようにされます。

Q60 育児休業給付金の改正内容は

Answer Point

☆雇用保険事業から支給される育児休業給付金には、次の2つがあります。
　①育児休業基本給付金
　②育児休業者職場復帰給付金
☆上記2つの給付金についてそれぞれ1点ずつ改正が行われます。

★育児休業基本給付金をもらえる人は

「育児休業基本給付金」は、
(1) 1歳未満（一定の場合は1歳6か月未満）の子を養育するため育児休業をした男女労働者（雇用保険の被保険者）であって、
(2) 原則として、育児休業開始前2年間に、みなし被保険者期間（賃金支払いの基礎となった日数が11日以上ある月）が12か月以上ある人に対して支給されます。「子」は実子、養子を問いません。

★支給額と支給期間は

支給額は、育児休業をした実質1か月につき、産前休業取得前（男性の場合は育児休業取得前）6か月間の平均賃金の約30％です。具体的な計算式は、次のとおりです。

支給額＝6か月間の賃金合計額÷180×30×0.3

育児休業期間中に、事業主から賃金が支払われた場合の給付金支払額は、図表164のとおりです。

【図表164　会社の賃金支払額に応じた育児休業給付金支払額】

1　育児休業中の賃金支払額	2　給付金支払額
休業前賃金の50％以下	休業前賃金の30％
休業前賃金の50％超80％以下	休業前賃金の80％―賃金支払額
休業前賃金の80％超	0％

支給期間は、子が1歳（一定の場合は1歳6か月）に達するまでで、支給は、同一の子について、原則として1回のみです。

★育児休業基本給付金の改正点は

現行雇用保険法では、労働者の失業時に支給される基本手当の所定給付日数は、その労働者の被保険者期間（勤務年数）に応じて決まり、その期間が長くなるにしたがって所定給付日数も長くなります。

労働者が育児休業をとり、育児休業基本給付金を受給している期間も被保険者期間に含まれます。

今回の法改正により、育児休業基本給付金を受給した期間については、基本手当の所定給付日数に係る算定基礎期間の対象から除かれることになります。

例えば、被保険者期間（勤続期間）が5年間で、そのうち1年間育児休業基本給付金を受給した場合は、基本手当の所定給付日数を決める場合には、被保険者期間は4年であると計算されます。

★育児休業者職場復帰給付金をもらえる人は

この給付金の第1の支給要件は、「育児休業基本給付金の支給を受けることができる労働者（被保険者）が、育児休業中の事業主と同じ事業主の下に職場復帰すること」です。

したがって、育児休業後に退職したり、別の事業主に雇用された場合には、支給されません。

この給付金の第2の支給要件は、「同じ事業主の下で、育児休業を終了した日以後、引き続き6か月以上雇用されていること」です。

★支給額は

次の算式の額が支給されます。

> 支給額＝休業開始時賃金月額×育児休業基本給付金が支給された月数×10/100

ただし、育児休業中に、事業主から休業前の賃金の8割以上の賃金が支払われていた場合には、育児休業者職場復帰給付金は支給されません。

★育児休業者職場復帰給付金の改正点は

現行雇用保険法では、この給付金の金額は、休業前賃金の10％です。

これが法改正により、平成22年3月31日までに、育児休業基本給付金の対象になる育児休業を開始した者については、休業前賃金の20％になります。

Q61 労災保険法改正案の改正ポイントは

Answer Point

☆行政改革の一環として現行の労働福祉事業を簡素化、効率化するために再編成等を行う法律改正です。

★労働福祉事業の再編成というのは

現行労災保険法29条にもとづき行っている労働福祉事業を、図表165のとおり位置づけることとされます。

なお、未払賃金立替払事業については、図表165の③の事業と位置づけられます。

【図表165　新事業の種類】

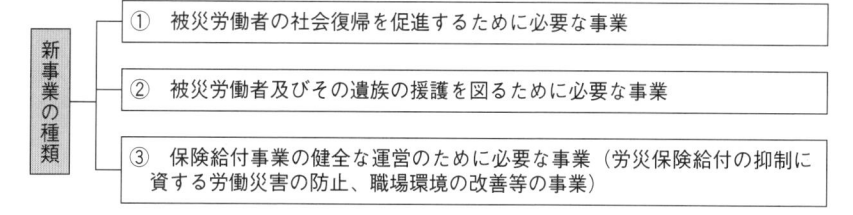

新事業の種類	
①	被災労働者の社会復帰を促進するために必要な事業
②	被災労働者及びその遺族の援護を図るために必要な事業
③	保険給付事業の健全な運営のために必要な事業（労災保険給付の抑制に資する労働災害の防止、職場環境の改善等の事業）

★個別事業の効率性を高める方法は

個別の事業については、PDCAサイクルで不断のチェックを行い、その事業評価の結果に基づき、予算を毎年精査するとともに、合目的性と効率性を確保するために、各事業の必要性について徹底した精査を継続的に実施することとされます。

【図表166　PDCAサイクル】

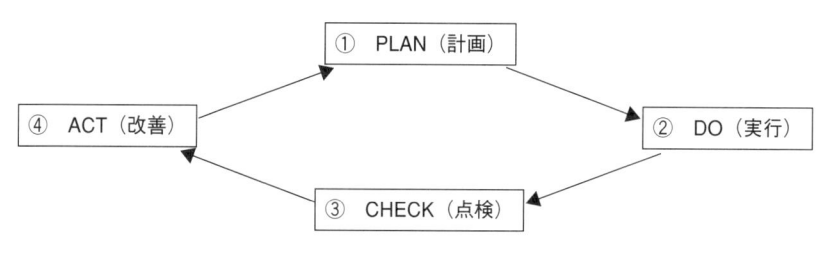

① PLAN（計画）
② DO（実行）
③ CHECK（点検）
④ ACT（改善）

平成19年労働法制改革の改正点早わかりQ&A速報版

2007年3月5日　発行

著　者	セルバ出版編集部
発行人	森　　忠順
発行所	株式会社セルバ出版
	〒113-0034
	東京都文京区湯島１丁目12番６号高関ビル５Ｂ
	☎ 03 (5812) 1178　FAX 03 (5812) 1188
	http://www.seluba.co.jp/
発　売	株式会社創英社／三省堂書店
	〒101-0051
	東京都千代田区神田神保町１丁目１番地
	☎ 03 (3291) 2295　FAX 03 (3292) 7687
印刷・製本所	中和印刷株式会社

●乱丁・落丁の場合はお取り替えいたします。著作権法により無断転載、複製は禁止されています。
●本書の内容に関する質問はFAXでお願いします。

Printed in JAPAN
ISBN978-4-901380-65-2